AF142539

David MARIE

Ouf, c'est Parkinson !

Témoignage

Edition : BoD - Books on Demand,

12/14 rond-point des Champs-Elysées, 75 008 Paris

Impression : BoD - Books on Demand, Norderstedt, Allemagne

ISBN : 978-2-3221-8035-6

Dépôt légal : janvier 2021

Avant-propos

***

La vie des Hommes est souvent encadrée par deux dates : celle de leur naissance et celle de leur mort. Pour ma part, je crois à présent pouvoir revendiquer une date intermédiaire : le lundi 5 octobre 2020, date de ma renaissance.

Avec plus de légèreté, et comme je l'avais mis en avant en premier lieu auprès de mes filles, il s'agit également de la mise à jour de mon logiciel interne, qui, après redémarrage, permet un nouveau fonctionnement sans bugs de leur père : le Dad 2.0.

Une naissance, dans la grande majorité des cas, est précédée d'un désir, d'un passage à l'acte, d'une attente, et enfin, d'un accouchement plus ou moins douloureux. Ce sont ces différentes étapes de ma renaissance que je vais ainsi vous raconter.

Cette renaissance correspond à la seconde chance qui m'a été donnée, de pouvoir à nouveau pleinement utiliser mon corps, sans douleurs, blocages ou encore traitements médicamenteux aux effets secondaires qui peuvent être dévastateurs.

Si je n'en suis pas guéri, je peux néanmoins à présent, dans une certaine mesure et pour une durée déterminée, mettre de côté la maladie de Parkinson qui s'est petit à petit invitée dans ma vie et, incidemment, dans celle de mes proches.

Ce récit à venir est celui de mon vécu de la maladie. J'en débute l'écriture quelques semaines après l'opération sur laquelle je reviendrai plus tard, autrement dit dans un état d'esprit plus que positif, chaque nouveau jour me permettant de me sentir mieux que le précédent. Une inversion de courbe, désirée en vain par un certain François H. lorsqu'il était question de chômage, mais avérée dans mon cas, lorsqu'elle représente les maux occasionnés par la maladie de Parkinson.

Si j'ai souhaité coucher par écrit ces années contraintes par la maladie, ce n'est en aucun cas pour me poser en donneur de leçons, éclairer de manière générale ou scientifique sur la maladie de Parkinson et ses traitements, et encore moins critiquer certains comportements. Il s'agit tout simplement de mon témoignage, avec les inexactitudes et approximations que cela peut comporter, avec mes connaissances, mes limites et mes filtres.

Cette écriture s'inscrit d'abord dans une démarche personnelle afin de faire le point à un moment charnière de ma (nouvelle) vie. Celle-ci se veut le modeste témoignage d'une personne ordinaire touchée par la maladie, et qui, grâce à un entourage extraordinaire, a réussi à transformer ce que l'on pourrait qualifier d'injustice malchanceuse en une véritable force.

J'ai parfaitement conscience que tout le monde, pour diverses raisons, n'a pas la chance de vivre sa maladie comme j'ai pu le faire jusqu'à présent. Aussi, très humblement, si cela peut permettre à des personnes malades ou à leurs proches d'y piocher un peu d'espoir, ou par analogie, d'y trouver quelques pistes pour la spécificité de leur cas, l'objectif serait alors plus que dépassé.

Premiers symptômes et diagnostic

Bricolage et tendinite

***

De mon point de vue, la maladie de Parkinson était liée à l'âge et/ou la conséquence d'activités spécifiques telles que la boxe par exemple. La présence d'un Mohamed Ali tremblant, lors de la cérémonie d'ouverture des Jeux Olympiques d'Atlanta en 1996, en était d'ailleurs, selon moi, un témoin.

Je dois avouer que, dans la mesure où je ne connaissais personne atteint de la maladie de Parkinson, je ne m'y étais jamais intéressé. Celle-ci m'était clairement inconnue.

Je m'appelle David Marie. Je suis né à Caen en 1976. J'ai grandi à Lantheuil, un petit village situé à une vingtaine de kilomètres de la capitale bas-normande. J'ai vécu chez mes parents, avec mes trois frères, jusqu'à l'âge de 23 ans.

J'ai en effet réalisé l'intégralité de mes études sur la région caennaise. Depuis le collège jusqu'à l'E.S.I.T.C. (Ecole Supérieure d'Ingénieurs des Travaux de la Construction).

Je suis marié à Abi, que j'ai rencontrée alors que j'étais étudiant grâce à une amie commune dont j'ai fait la connaissance en tant que collègue au restaurant McDonald's de Caen.

Nous avons trois filles, Daphnée, Alice et Juliette.

Nous avons emménagé à Pont Saint Martin, près de Nantes, en 2004. J'avais démissionné d'un poste de conducteur de travaux dans les Travaux Publics basé à Caen pour rejoindre la SAMOA (Société d'Aménagement de la Métropole Ouest Atlantique) qui recherchait un chef de projets afin de piloter les travaux liés à l'aménagement de l'île de Nantes.

Nous y avons assez rapidement acheté une maison dans l'objectif de la retaper intégralement. Après un week-end de démolition au cours duquel cloisons, plafonds et sols ont trépassé, les soirées et week-ends des semaines suivantes furent bien occupés à réaménager les pièces à notre goût. Une des principales difficultés consistait à réserver les travaux bruyants en dehors des heures de sommeil de mes trois filles alors âgées de un et trois ans.

Trois enfants, deux âges, non, il n'y a pas d'oubli ! Nous avons une paire de jumelles qui suivent de dix-huit mois leur grande sœur.

Il fallait également organiser les travaux de manière à éviter que des éléments dangereux soient à portée de leurs mains lorsqu'elles partaient en exploration.

Toujours est-il que le gros des travaux fut achevé en six mois environ. Ce n'est que plus tard, en 2007, que j'entrepris de refaire la salle de bains. J'avais alors trente-et-un ans.

Si les précédents travaux de rénovation, plutôt conséquents, ne m'avaient pas posé de difficulté physique particulière, il n'allait pas en être de même pour la pose du carrelage et de la faïence de cette pièce d'eau.

En effet, plus j'avançais dans les travaux, et plus je ressentais une douleur au niveau de la main gauche. Mettant ceci sur le compte d'un faux mouvement, je n'y accordais guère d'importance les premiers jours.

Plus le temps et les travaux avançaient et plus les difficultés motrices avec ma main augmentaient. La douleur ne variait pas, mais ma faculté à pouvoir bouger mes doigts s'estompait au fil du temps.

Achever la salle de bain me prit environ deux semaines à compter des premiers signes de faiblesse de ma main. A l'issue des travaux, je ne parvenais plus à ouvrir la main gauche qu'en m'aidant de la main droite. Mais bon, cela n'était pas bien grave, l'essentiel étant d'avoir une belle salle de bain à présent…

Durant les semaines qui suivirent et dans la mesure où je suis droitier, je ne fis rien de particulier pour mon poignet. "Avec un peu de repos, ça va se régler tout seul" pensais-je. Comme ce ne fut pas le cas, je dus me résoudre à aller consulter mon médecin traitant.

Le docteur Guéry était un jeune médecin généraliste qui s'était installé peu de temps auparavant à Rezé. Il partageait une maison médicale avec d'autres médecins dont il n'hésitait pas à aller solliciter l'avis lorsqu'il avait besoin de leur expérience. Nous lui avons assez rapidement accordé notre confiance et n'avons jamais eu à le regretter.

Après m'avoir examiné, il m'invita à aller passer une échographie du poignet afin de voir de quoi il pouvait retourner et probablement confirmer ce qu'il avait identifié, à savoir une tendinite. Je devais également, par sécurité, passer une radio, même si en l'absence de choc, il pensait très peu probable qu'elle révèle quoi que ce soit.

Le premier diagnostic fut ainsi confirmé : il s'agissait d'une grosse tendinite, conséquence des travaux réalisés chez moi depuis maintenant plusieurs mois. Je n'avais qu'une chose à faire : laisser ma main tranquille.

Notre maison étant à présent totalement rénovée, ce repos forcé ne constituait pas de contrainte particulière.

Plusieurs mois après cette consultation, je dus retourner voir le docteur Guéry car des douleurs gastriques supportables mais permanentes m'embêtaient depuis plusieurs jours. Après quelques examens pour écarter, notamment, une éventuelle appendicite, un traitement médicamenteux fut trouvé. Considérant alors cet épisode comme anecdotique, je n'ai pas gardé en mémoire le traitement qui m'avait été prescrit.

Une chose est sûre, c'est que je n'avais pas idée que ceci pouvait constituer un des premiers signes de l'apparition de la maladie de Parkinson. Qui aurait pu l'imaginer d'ailleurs ? Aujourd'hui encore, je ne vois pas comment cela aurait pu être le cas : une tendinite après de gros travaux et un mal de ventre qui passe avec des médicaments "basiques" chez un patient qui a fraîchement franchi le seuil de la trentaine. Cela me paraît absolument improbable, et même inutile d'ailleurs, d'aller chercher plus loin.

J'apprendrai par la suite que nous avons environ deux-cent-millions de neurones qui tapissent les parois de notre intestin (cerveau dit du bas avec système nerveux entérique) et que fort logiquement, par définition, une maladie neurodégénérative s' y attaque nécessairement.

Dans le cadre de mon travail j'ai eu l'occasion de faire appel à différentes sociétés dont notamment des sociétés spécialisées dans l'aménagement du territoire. L'une d'entre elles, SCE, présidée par Yves Gillet, est une entreprise de taille intermédiaire. Son siège est basé à Nantes et compte différentes agences en France, essentiellement implantées le long du littoral.

Après sept superbes années passées à travailler sur un projet qui m'aura passionné, élevé, instruit, fait grandir ; après avoir eu le sentiment d'être un véritable acteur (à mon petit niveau) d'un des plus grands projets d'aménagement urbain européen, au sein d'une équipe pour laquelle je garde une véritable affection, j'ai eu le sentiment d'un cycle qui s'achevait. De nombreuses raisons justifiaient ce sentiment, mais mon propos portant sur la maladie de Parkinson et non sur la gestion de projets, ni l'urbanisme, j'en resterai là afin d'éviter de m'égarer.

Ayant partagé cette réflexion avec de nombreuses personnes, ce désir "d'ailleurs" est arrivé jusqu'aux oreilles du président de SCE qui a alors souhaité me rencontrer.

J'ai été totalement séduit par Yves et son approche de l'entreprise au centre de laquelle il place ses collaborateurs. Je pourrai constater à maintes reprises par la suite que cela n'était pas qu'un simple discours, et correspond bien à une réalité.

Après plusieurs échanges, nous convenons qu'après un passage de quelques semaines par le siège nantais, je prendrai en charge l'agence de Caen alors dans la tourmente.

Lorsque nous avions quitté Caen pour rejoindre Nantes, sept ans auparavant, nous n'aurions jamais imaginé y retourner. D'ailleurs, si le poste de responsable d'agence suscitait mon intérêt assez rapidement, c'était moins évident pour la Ville.

De prime abord, Abi considérait ce retour comme une sorte de régression. Nancy, Lille, Rennes, Angers, etc. auraient été des destinations plus évidentes. Revenir à Caen avait cependant quelques avantages dont notamment celui de nous rapprocher de nos familles et notamment de nos mères.

Après avoir pesé le pour et le contre, nous décidions donc de retourner en Normandie.

Examens

***

Nous sommes revenus en Basse Normandie en 2010. Nous nous sommes installés dans une maison située dans un lotissement aux portes de Caen.

Chacun a pris ses marques après une période d'adaptation plus ou moins longue selon les membres de la famille. Abi prenait en charge le relais assistantes maternelles de Courseulles sur Mer, nos filles retournaient sur les bancs de l'école avec entrain, l'une d'entre elles profitant d'ailleurs de l'occasion pour faire fi des difficultés passées. La début de dyslexie qui avait été diagnostiqué à Nantes semblait n'avoir pas suivi lors du déménagement. Ne serait-ce que pour cette raison, ce retour à Caen pouvait être considéré comme une réussite.

Quant à moi, je prenais peu à peu la mesure de mon poste et parvenais petit à petit, avec une équipe qui n'avait besoin de rien d'autre qu'un cap(itaine) à suivre, à redresser les résultats commerciaux et financiers de l'agence en regagnant la confiance de nos clients.

Par ailleurs, et c'est certainement le plus important, nous avons fait de nouvelles rencontres nous permettant d'élargir notre cercle d'amis par de nouvelles connaissances normandes, dont des Haut-Normands d'ailleurs (c'est dire notre ouverture d'esprit !)

Le docteur Ozenne est médecin généraliste à Creully. Il était mon médecin traitant depuis toujours, avant que j'exile à Nantes. C'est donc tout naturellement que je suis allé le consulter lorsque j'en ai eu besoin. C'était pour un syndrome grippal fin 2012.

Je profite alors de cette consultation pour lui faire part des difficultés qui perdurent au niveau de ma main gauche. Même si je suis d'un naturel plutôt patient, cela fait tout de même près de trois ans que cette dernière m'enquiquine. Ce n'est que rarement douloureux mais dès que je suis amené à l'utiliser un peu plus que d'ordinaire, elle ne répond plus lorsque je souhaite ouvrir le poing.

Après une auscultation rapide, il me fait part du fait qu'une tendinite ne peut pas durer aussi longtemps et me donne les coordonnées du docteur Fromager, neurologue caennais, afin que je puisse le consulter. Il évoque sans conviction un éventuel problème au niveau du canal carpien.

Je prends donc rendez-vous avec le docteur Fromager qui m'accueille dans son cabinet quelques semaines plus tard.

Je lui expose mes symptômes : blocage de la main gauche avec quelques douleurs occasionnelles lorsque je l'utilise plus que de raison en jardinant et/ou bricolant. D'emblée, le syndrome du canal carpien ne lui paraît pas être une éventualité. Par acquis de conscience, il procède tout de même à un examen.

Celui-ci consiste en la stimulation du nerf au moyen d'impulsions électriques de très faible intensité et en mesurant la vitesse et l'amplitude de la réponse grâce à des électrodes posées sur la peau et reliées à l'appareil d'enregistrement. Pas d'équivoque selon lui, le canal carpien n'est en rien concerné.

L'examen se poursuit. Il analyse ma posture et ma démarche, tonus et force musculaire, sans que des éléments particuliers n'apparaissent.

J'étais venu relativement décontracté pour un problème que je considérais alors comme mineur mais, au fur et à mesure de l'examen, je commence à comprendre que cela va probablement aller au-delà de ma main sans bien mesurer encore ce que je "risque".

Le docteur Fromager me demande ensuite de me lever et de taper du pied gauche. Je n'y parviens pas ! J'ai un léger souci avec le rythme à la base. Une illustration de ces difficultés rythmiques peut se mesurer en concert par exemple : lorsque le public tape des mains à un rythme donné, je suis en décalage permanent. Si ceci prête bien évidemment à sourire, ce n'est pas le cas dans le contexte de l'exercice demandé par le neurologue. Je n'avais jamais identifié cette difficulté jusqu'à présent. Lorsque je me hasarde à taper du pied en écoutant de la musique, c'est systématiquement le côté droit que je sollicite.

Dans le cas présent, je me rends compte que mon pied ne répond que quand il en a envie.

Les mouvements de la cheville sont saccadés. C'est très déstabilisant la première fois que l'on constate que le corps ne fait pas ce qu'on lui demande, et surtout lorsque l'on réalise que c'est, a priori, le symptôme d'une maladie qui reste à identifier…

Le neurologue me précise alors la nécessité de passer des examens complémentaires. Une Imagerie par Résonance Magnétique (I.R.M) sera programmée dans un premier temps. Il évoque différentes pistes possibles dont notamment une tumeur au cerveau, la sclérose en plaques, la maladie de Charcot, la maladie de Parkinson, etc. bien que mon âge ne soit pas "cohérent" avec ces dernières.

Une chose est sûre, il n'y a pas de maladie anodine dans le lot. Je sors donc de ce rendez-vous avec l'esprit nettement moins léger qu'à mon arrivée.

L'I.R.M. est programmée quelques semaines après, en avril 2013. Durant ce laps de temps, j'évite de penser à ce que pourraient en être les conclusions. De toute manière, je ne pourrai rien y changer, il ne me reste qu'à attendre.

Comme à mon habitude, détestant être en retard, j'arrive près de trente minutes avant l'heure du rendez-vous. Je patiente donc après m'être présenté à l'accueil.

Avec un peu de retard par rapport à l'horaire initialement prévu, vient mon tour. Je suis donc appelé par l'opérateur qui me demande si j'ai des objets métalliques sur moi.

Ce n'est pas encore le cas…

Je prends place pour que l'examen puisse être réalisé. Après quelques minutes, je suis invité à retourner m'asseoir dans la salle d'attente pour que les résultats puissent m'être communiqués. Plusieurs personnes patientent également et je crois déceler deux types de comportements en fonction des diagnostics qui sont présentés. Il me semble qu'en l'absence de problème de santé mis en avant par l'examen, le médecin présente son analyse au patient dans la pièce par laquelle on passe pour se dévêtir. En revanche, lorsque le médecin invite le patient à le suivre dans son bureau, et compte tenu de la tête de la personne que j'ai vue sortir après cet échange, je crois que ce n'est pas bon signe.

Comme chaque personne présente dans la pièce, je suis aux aguets dès qu'une porte s'ouvre. Vient enfin mon tour. D'emblée, je suis soulagé en constatant que l'échange aura lieu dans la cabine permettant de se changer.

Le fait que le médecin me propose de m'asseoir immisce en moi un doute. Mais coup de chance ou analyse pertinente du fonctionnement du site, toujours est-il que mon soulagement est, d'une certaine manière, justifié car il me précise qu'aucun problème particulier n'est détecté si ce n'est la présence d'un petit kyste. Celui-ci n'est en rien responsable de mes problèmes de motricité que je considère alors encore comme bénins. Il m'est très agréable d'apprendre que je n'ai pas de tumeur au cerveau ou autre maladie qui pourrait obérer de manière significative mon espérance de vie mais, d'un autre côté, je ne sais toujours pas de quoi il retourne précisément.

Je repars donc avec une liste de maladies possibles, moins conséquente qu'à mon arrivée mais pas nécessairement plus rassurante.

J'ai une vraie difficulté à faire le lien entre ces petits dysfonctionnements de mon côté gauche et des maladies qualifiées de graves. C'est probablement cette forme d'incapacité à mesurer la potentielle gravité de mon état qui me permet de ne pas psychoter.

Je retourne donc consulter le docteur Fromager. Celui-ci met à nouveau en avant mon (très) jeune âge au regard de certaines maladies qui sont normalement déclarées après soixante ans. La maladie de Parkinson et la démence à corps de Lewy en font partie. Tout comme d'autres maladies qu'il avait évoquées lors du premier rendez-vous, le fait que les symptômes soient unilatéraux pourraient en être un révélateur.

Une scintigraphie cérébrale à l'ioflupane, aussi appelée du nom commercial du radiotraceur utilisé (DaTSCAN) devrait permettre d'y voir plus clair. Cet examen consiste en la réalisation d'une imagerie cérébrale fonctionnelle qui étudie le système dopaminergique. Une injection d'un radiopharmaceutique est réalisée par voie intraveineuse. Cette substance légèrement radioactive s'accumule ainsi dans le cerveau permettant la réalisation d'images du cerveau à l'aide d'une caméra spéciale.

Le neurologue me donne donc un courrier me permettant de prendre rendez-vous au C.H.U. de Caen à cet effet.

Le diagnostic

***

Ce jour-là, je me souviens d'un soleil rayonnant lorsque je gare ma voiture sur le parking du C.H.U. de Caen. C'est l'été. Encore arrivé bien en avance, et tandis que je patiente un peu dans mon véhicule en écoutant la radio, j'aperçois Aurélie, une collègue. Elle avait fait part quelque temps auparavant de sa grossesse.

J'apprendrai plus tard que c'était dans ce cadre qu'elle était venue pour une consultation de contrôle. N'ayant pas évoqué les questions inhérentes à ma santé dans le cadre professionnel, et afin de ne pas avoir à justifier ma présence, j'attends qu'elle ait quitté les lieux pour sortir de ma voiture.

Je passe par l'accueil du C.H.U. où j'enregistre mon arrivée. J'accède ensuite via les ascenseurs à l'étage indiqué sur le courrier de convocation au rendez-vous que j'avais reçu quelques jours plus tôt. Je me présente à la salle d'examen où je suis accueilli par une opératrice hospitalière. Après m'avoir interrogé sur le parcours qui m'a amené à passer ce DatSCAN, et avoir relevé mon très jeune âge, elle me présente le déroulé de l'examen.

Comme pour un scanner ou une I.R.M., il faut rester immobile. En revanche, le processus n'est absolument pas bruyant. Celui-ci est d'une durée d'environ quarante-cinq minutes.

Je suis plutôt détendu, et je me surprends d'ailleurs à m'assoupir pendant l'examen. Je sais qu'aucune donnée ne me sera communiquée immédiatement et que ce n'est que lors d'un prochain rendez-vous avec le docteur Fromager que j'en saurai davantage.

14

Ça y est, nous y voilà !

Abi m'accompagne lors de cette consultation qui pourrait me permettre de savoir enfin ce qu'il en est. Je n'ai pas pensé plus que de raison à ce que pourrait être le diagnostic durant les jours précédents.

Cependant, dans la salle d'attente, je commence à évoquer différentes hypothèses : et si c'était une maladie fulgurante, et si c'était une maladie orpheline qui allait me transformer en rat de laboratoire dans les années à venir, et si et si et si... J'ai toujours un (très) faible espoir que ce ne soit finalement pas si grave que ça, mais ce sentiment doit se situer entre la méthode Coué, un réel optimisme et tout simplement le déni nécessaire pour imaginer une issue positive à tout ceci, sans quoi tout s'écroule.

Le docteur Fromager, plutôt ponctuel, nous convie à le suivre dans son bureau pour échanger suite à la scintigraphie cérébrale dont il a eu les résultats. Nous nous asseyons face à lui et très rapidement je comprends que je vais avoir un grand besoin d'une bonne grosse dose de l'optimisme dont je me prévaux.

En effet, avant de me présenter le contenu du dossier "DatSCAN David MARIE" posé sur son bureau, il commence par rappeler le processus et les différents symptômes relevés qui nous ont amené à ce moment présent. Cette façon de reprendre factuellement les différentes étapes, plutôt que d'aller immédiatement aux résultats, est, selon moi, typique de la préparation à une mauvaise nouvelle.

Au moment où je prends conscience, c'est-à-dire après quelques secondes, que le diagnostic ne va pas être agréable à entendre, mon cerveau se met sur "off".
Je n'écoute plus vraiment ce que le neurologue dit.

J'ai peur !

Va-t-il m'annoncer qu'il ne me reste que quelques mois à vivre, que je serai rapidement dans un fauteuil roulant , que je vais sombrer dans la folie, etc. ?

Après ce rappel des faits qui me semble durer une éternité, le docteur Fromager ouvre enfin la pochette contenant les résultats et le diagnostic tombe enfin : même si cela paraît assez improbable au regard de mon âge, je suis atteint de la maladie de Parkinson.

Etant données les maladies potentielles qui avaient été évoquées, et si on m'avait imposé d'en choisir une, c'est probablement celle-ci que j'aurais choisie. Si cela peut paraître incompréhensible, et je peux l'admettre car dans la grosse majorité des cas un tel diagnostic relève davantage de l'uppercut que de la bonne nouvelle, je suis finalement soulagé à l'annonce de cette maladie.

Les symptômes de la maladie peuvent être très différents selon les personnes concernées. Il ne m'a, fort heureusement, pas été dressé une liste à la Prévert des réjouissances auxquelles je pouvais m'attendre, mais plutôt présenté un premier aperçu de traitement médicamenteux possible.

Je n'avais jusqu'alors jamais réellement eu conscience du fait que les effets secondaires des médicaments peuvent parfois être aussi problématiques que la maladie elle-même. Au-delà de l'accoutumance et de l'addiction qu'ils peuvent induire, mes connaissances en la matière étaient nulles.

Lorsque le neurologue a présenté les risques relatifs au traitement qu'il allait me prescrire, je me souviens que nous avons éclaté de rire : addictions au sexe et au jeu faisaient partie du programme ! Ce rire était certainement bien plus lié à notre nervosité qu'à un aspect comique de la situation, qu'il aurait alors bien fallu chercher.

Avant de mettre fin à cette consultation, le docteur Fromager me propose un suivi spécifique compte tenu de mon âge. Dans la mesure où on considère comme jeune Parkinsonien quelqu'un atteint de la maladie avant soixante ans, on pourrait me qualifier de Parkinsonien prépubère !

Lorsque lors d'un rendez-vous suivant je lui demanderai, compte tenu de son expérience, à quoi je pouvais m'attendre quant à l'évolution de la maladie du fait de mon jeune âge, il me répondra avec une grande honnêteté, qu'il n'avait jusqu'alors jamais eu de patient atteint de la maladie de Parkinson si jeune.

Pour une fois que je suis classé premier, il n'y a même pas de récompense !

Par ailleurs, je le questionne afin de savoir si je peux espérer travailler jusqu'à ce que mes filles aient fini leurs études. Il me répond qu'au-delà de six à sept ans, ce sera plus que compliqué de maintenir une activité salariée.

Il ne nous reste plus qu'à miser sur l'échec scolaire de nos enfants pour éviter des études trop coûteuses ! (Heureusement, ce ne sera pas le cas...)

Le docteur Fromager me propose donc un suivi par un spécialiste de la maladie, en me laissant le choix entre Rennes et Rouen. C'est vers la capitale normande que ma décision s'orientera dans la mesure où je m'y rends alors régulièrement dans le cadre de mon travail. Aujourd'hui encore, je me félicite d'avoir fait le choix, sans le savoir, du Professeur Maltête.

L'acceptation

***

Le caractère est à la fois lié à l'éducation donnée par les parents, à notre construction qui passe notamment par la relation aux autres, à l'expérience acquise au fur et à mesure des années et à ce petit truc en plus, qui fait, par exemple, que des jumeaux recevant la même éducation pourront avoir des caractères bien différents.

Tout ça pour dire que je n'ai pas à m'en vanter car je n'y peux pas grand-chose, mais que mon acceptation de la maladie n'a pas été un sujet, tellement elle fut facile et rapide.

Que ce soit pour la maladie de Parkinson, ou pour bien d'autres sujets, je ne suis pas de nature à ressasser les choses ni à regretter ce sur quoi je ne peux pas avoir d'emprise. Si j'accepte de perdre face à plus fort que moi, je ne rends cependant jamais les armes tant qu'il subsiste un espoir de l'emporter.

Une illustration de mon état d'esprit appliqué au sport pourrait être la suivante : lorsque vous êtes menés de cinq buts à quelques minutes de la fin d'un match de foot, il n'y a aucun espoir de l'emporter car, outre l'adversaire, il y a un élément qui n'est pas maîtrisable, à savoir le temps imparti. On peut donc légitimement capituler quelques instants avant la fin.

De nature optimiste, je ne crois cependant pas aux miracles. En revanche, au tennis ou au badminton par exemple, même mené haut la main par l'autre joueur, tant que ce dernier n'a pas marqué le point décisif, tous les espoirs sont permis. L'adversaire est meilleur, il mène largement, mais peu importe, il est hors de question d'abdiquer avant que le point de la victoire ne soit marqué.

En faisant un parallèle de tout ça avec l'acceptation de la maladie, je crois que c'est grâce à cet état d'esprit que ce processus, qui peut prendre plusieurs années chez certains, n'a pris que quelques jours dans mon cas.

Si on prend les différentes étapes qui ponctuent de manière habituelle l'acceptation de la maladie (étapes calquées sur les différentes phases du deuil selon Elisabeth Kübler-Ross), voici l'analyse que j'en fais en ce qui me concerne :

Le refus de la maladie

Accepter les choses sans les subir fait partie de mes traits de caractère. Cette phase n'a pas existé dans mon cas ou alors peut-être avant que la maladie de Parkinson ne soit identifiée, grâce à un diagnostic itératif qui m'a permis de me faire à l'idée de la maladie petit à petit.

Si le diagnostic avait été soudain, et par la force des choses brutal, il est loin d'être évident que le processus de l'acceptation aurait été aussi aisé pour moi.

La colère

Cette phase ne me sera pas connue.

Le marchandage

Comme évoqué dans le cadre du sport, je ne crois pas aux miracles. Ceci n'est pas contradictoire avec l'espoir d'avancée de la science mais en considérant celle-ci comme plus qu'improbable dans mon cas. Ainsi, je ne pourrai être que très agréablement surpris si l'avenir venait me donner tort. Je crois aussi que mon côté très pragmatique m'a aidé à ne pas me bercer d'illusions.

La dépression

Elle viendra pointer le bout de son nez à différents moments au cours de la maladie, mais pas comme un préalable à l'acceptation

L'acceptation

Cette étape correspond à un état de calme où la maladie est considérée comme faisant partie intégrante de la personne. Un des témoins de cette acceptation est, à mon avis, le fait de pouvoir l'évoquer avec une émotion maîtrisée.

Si certains contextes un peu solennels font exception à ceci, de manière générale, j'ai pu l'évoquer à moultes reprises de manière très sereine. Ce sera également le cas lors de ma première rencontre avec le professeur Maltête et l'infirmière coordinatrice, Madame Vernon.

Quelques mois après le diagnostic posé par le docteur Fromager, je me rendais donc au C.H.U. de Rouen, l'hôpital Charles Nicolle (prix Nobel de médecine en 1928). Il a en effet fallu être patient afin d'obtenir ce premier rendez-vous.

Le Professeur Maltête étant un spécialiste reconnu de la maladie de Parkinson, sa patientèle déjà bien fournie ne lui permet pas de proposer des consultations à court terme, surtout pour de potentiels nouveaux patients. C'est grâce à l'insistance du docteur Fromager que ce rendez-vous a été rendu possible.

Comme j'ai déjà pu le laisser entendre précédemment, je déteste être en retard. Cela est encore plus vrai pour un premier rendez-vous tel que celui-ci. La ponctualité est, de mon point de vue, essentielle car elle est un reflet de ce que nous sommes. Avant toute chose, je pense qu'elle est le témoin du respect de l'autre et de notre fiabilité.

Malheureusement, lorsque nous sommes arrivés à Rouen j'ai fait le constat que les conditions de circulation désastreuses allaient compromettre la ponctualité tant recherchée.

Le pont Mathilde, un des principaux ouvrages permettant de traverser la Seine pour accéder à la Ville, avait en effet été dégradé par un incendie quelques jours plus tôt. Fermé à la circulation pour plusieurs semaines, le temps que les travaux de réparation puissent être exécutés, les conditions d'accès à Rouen s'en trouvaient nettement dégradées. Nous n'avons pas eu le temps de passer préalablement par l'accueil de l'hôpital. Tandis que Abi essayait de trouver une place pour garer la voiture, je courais, pour me présenter essoufflé avec un retard d'une dizaine de minutes à mon rendez-vous.

J'ai d'abord été surpris du nombre de personnes présentes. Autour du Professeur Maltête, qui sera le seul à parler durant la consultation, j'ai le souvenir de la présence de trois autres personnes, dont madame Vernon.

Après m'être platement excusé de mon retard, je détaille le déroulé des évènements et symptômes qui m'amènent à ce rendez-vous. Suite à une auscultation rapide, il me confirme, avec le bilan du DatSCAN sous les yeux, qu'il ne fait aucun doute que c'est bien de la maladie de Parkinson dont il est question.

Ce premier contact avec le Professeur Maltête me laisse songeur. Abi partage mon ressenti quant à ce premier contact. J'ai eu l'impression d'être face à quelqu'un maîtrisant parfaitement son sujet mais de relativement distant et froid. Je ferai cependant rapidement le constat lors de prochaines consultations que ce manque d'empathie, que j'avais cru identifier, n'était pas une réalité.

D'ailleurs, avec du recul, je me dis que son attitude n'aurait pas pu être différente lors de ce premier rendez-vous.

En effet, le diagnostic du neurologue repose en grande partie sur l'analyse des propos du patient quant aux symptômes qu'il rencontre.

Aussi, il est capital que celui-ci puisse se faire une idée claire du type de patient auquel il a à faire afin de mesurer le poids qu'il doit donner aux difficultés rapportées.

Le fait de conserver une distance avec le patient, dans un premier temps, permet, je crois, d'éviter que ce dernier ne s'épanche trop et l'aide à rester très factuel. Ce n'est en effet pas un des exercices les plus aisés que d'identifier, avec précision, l'importance des symptômes dont peut se plaindre un patient. Seule l'expérience le permet, je suppose.

Le professeur Maltête m'accompagne depuis maintenant plusieurs années. Je lui accorde une confiance sans retenue car je le sais à mon écoute, tout en étant capable d'interpréter et pondérer mes propos.

Afin de limiter mes déplacements à Rouen, il m'a proposé d'être également suivi par le docteur Thiriez, neurologue au C.H.U. de Caen. Ce double suivi mis en place depuis 2018 fonctionne plutôt bien.

Les symptômes, mon enfer

***

Comme exprimé précédemment, je n'ai pas l'ambition d'expliquer ce qu'est la maladie de Parkinson. De nombreux ouvrages existent sur le sujet. J'ai d'ailleurs récemment découvert une brochure, très claire, pragmatique et encourageante, réalisée par l'association France Parkinson, à destination des personnes nouvellement diagnostiquées.

Je m'appuierai simplement sur le descriptif des principaux symptômes qui y est relaté afin de le compléter de ma propre expérience :

"Les symptômes moteurs les plus fréquemment associés à la maladie de Parkinson sont la lenteur du mouvement, la raideur et le tremblement au repos. une personne ne cumule pas toujours tous ces symptômes.

Lenteur du mouvement : les gestes sont moins spontanés, initier un mouvement peut devenir plus difficile et fatigant. Ce symptôme est très caractéristique de la maladie de Parkinson.

Raideur et rigidité musculaire : il s'agit d'une tension excessive des muscles qui contribue au ralentissement du mouvement et peut être douloureuse. Le visage peut devenir moins mobile, moins expressif sans que cela soit conscient.

Tremblement au repos : il ne touche qu'un seul côté du corps au début de la maladie. Le mouvement volontaire diminue généralement ce tremblement (par exemple, quand on peint, quand on danse, on ne tremble pas). A l'inverse, le tremblement peut s'amplifier en cas d'inquiétude ou de stress. C'est probablement le symptôme le plus connu de la maladie de Parkinson, pourtant une personne sur trois ne tremble pas et ne tremblera jamais.

Autres symptômes possibles : la fatigabilité, la douleur, la dépression, la constipation sont des symptômes dits non-moteurs. Ils peuvent affecter la vie quotidienne. Des problèmes de communication (écriture qui devient petite, visage moins expressif ...) sont aussi possibles. La façon dont la maladie de Parkinson se manifeste peut changer d'un jour à l'autre, et même d'une heure à l'autre " ce sont les épisodes appelés on/off " les symptômes qui sont perceptibles un jour peuvent ne plus poser problème le lendemain. De plus, les symptômes varient d'un individu à l'autre. "

Dans mon cas, je présenterai les symptômes de la maladie en deux catégories : ceux qui sont visibles puis ceux qui ne le sont pas.

Le tremblement au repos ne fait pas partie des symptômes dont je souffrais avant l'opération. En revanche, la raideur des membres de mon côté gauche était bien présente. Dans la mesure où je suis droitier, les problèmes concernant la main gauche n'étaient que peu visibles. Ils constituaient surtout un handicap important, dans les périodes "off", pour taper à l'ordinateur, cuisiner, bricoler, manger, etc.

Plus d'une fois, j'ai été à deux doigts de faire voler vaisselle et ustensiles de cuisine, lorsque je devenais incapable de couper, mélanger, etc. Quelques mois avant l'intervention chirurgicale, le côté droit commençait également à me jouer des tours.

La marche pouvait être très difficile. Rien qu'en prêtant l'oreille, on pouvait savoir où je me situais lorsque j'essayais péniblement de me déplacer. La jambe gauche constituait davantage une sorte de poids mort que je trainais, plutôt qu'un membre me permettant de me mouvoir.

Parfois, et notamment durant les derniers mois de l'ancien Moi, le simple fait de marcher une centaine de mètres pouvait demander une concentration et des efforts très importants.

J'ai également connu quatre blocages complets de la marche, appelés "freezing". Ces épisodes ont été aussi soudains que déstabilisants.

Au contraire des autres symptômes qui arrivent plus ou moins progressivement, le freezing est immédiat et sans concession. Pendant plusieurs interminables secondes, je me suis retrouvé dans l'incapacité totale d'effectuer le moindre mouvement avec mes jambes. Alors que je marchais, je me suis soudainement retrouvé à l'arrêt, comme si toute communication avait été rompue entre mon cerveau et les membres de mon corps situés sous le bassin.

Je garde en mémoire un mélange de stupéfaction et d'effroi lorsque ce phénomène s'est produit.

Ma tendance naturelle à parler vite avec une articulation minimale était elle aussi exacerbée dans les périodes de moins bien. De nombreuses séances d'orthophonie m'ont permis de prendre conscience de cette difficulté et d'essayer d'y remédier.

Lors de la première séance, l'orthophoniste m'a fait lire un extrait d'un sketch de Coluche et m'a enregistré. Il s'agissait de "c'est l'histoire d'un mec". Un sketch que j'aime beaucoup d'ailleurs, mais qu'il ne serait certainement pas possible de pouvoir présenter aujourd'hui, sans s'attirer les foudres de la bien-pensance aseptisée collective. Mais bon, là n'est pas le sujet.

Lorsque l'orthophoniste m'a fait écouter l'enregistrement, je me suis rendu compte que je parlais à une vitesse hallucinante. Il faut vraiment s'accrocher pour suivre, d'autant plus que ma voix est particulièrement monotone.

La mobilité limitée des muscles respiratoires en est, pour partie, à l'origine. Les personnes touchées par la maladie de Parkinson respirent de manière superficielle : la voix devient faible et rauque, la prononciation est altérée.

Un des premiers exercices que je ferai, sera de marquer des pauses prononcées à chaque ponctuation. Si j'ai clairement eu l'impression que je pouvais aller me servir un café à chacune d'entre elles, tant elles me paraissaient interminables, l'écoute de ce second enregistrement était sans équivoque : la compréhension de ma lecture était bien meilleure.

Sachant à présent que ma perception de ma vitesse d'élocution est erronée, j'essaie de prêter attention à la mise en place de nombreuses respirations afin de ponctuer et rendre plus compréhensible mes prises de parole.

Ceci ne me paraissant cependant pas du tout naturel, il n'est pas rare que j'oublie la mise en application de cette résolution pourtant bien souvent essentielle si je veux éviter d'avoir à répéter ce que je viens de dire.

La méthode L.S.V.T. (Lee Silverman Voice Treatment) a également fait partie de ce processus visant à améliorer mon expression orale. Il s'agit d'une méthode intensive : quatre séances hebdomadaires pendant quatre semaines.

Là encore, différents outils m'ont été donnés pour essayer de contrer les difficultés liées à l'expression. C'est cependant un combat épuisant qu'il faut mener en permanence. En effet, et particulièrement lorsqu'un début de fatigue me gagne, je dois redoubler d'efforts pour contrer un problème dit de "start-stop" qui s'apparente au "freezing". Dans ce cas-là, je bloque sur une syllabe, un mot, ou un seul son, comme un bègue, ou à l'inverse, j'accélère fortement le débit de parole.

Ce combat de tous les instants nécessite de ne jamais baisser la garde. La tentation de l'isolement, à laquelle je cède parfois, est grande lorsque les difficultés pour m'exprimer sont présentes.

France Parkinson décrit d'ailleurs très bien ce risque : "Pour beaucoup de personnes touchées, les difficultés à parler entraînent une telle incertitude qu'elles cessent en grande partie de communiquer avec d'autres personnes. En parlant moins, elles perdent de plus en plus leur capacité à s'exprimer et le problème s'aggrave. Un cercle vicieux se met en place et peut provoquer un isolement social. "

La capacité à communiquer passe également par différentes expressions du visage. J'ai dû me raser la barbe avant l'intervention chirurgicale et j'ai été frappé par ce que j'ai vu dans le miroir : un visage à l'inexpressivité totale.

Celle-ci est la conséquence d'une raideur des muscles faciaux : l'hypomimie. Cela donne une impression d'indifférence et d'un visage sans émotions.

Je me souviens que parfois, alors que j'essayais d'esquisser un sourire, j'avais l'impression de ne pas maîtriser mon visage, un peu comme on peut se sentir après une anesthésie dentaire. A ceci près que dans mon cas, elle aurait porté sur l'intégralité de la mâchoire.

Ces différents symptômes étaient particulièrement présents durant l'année qui a précédé l'opération. Apparaissant systématiquement dès qu'un évènement, aussi peu stressant soit-il, survenait, ils se manifestaient également lorsque j'étais plus fatigué qu'à l'accoutumée ou à l'approche d'un horaire de prise de médicaments.

Ces manifestations de la maladie de Parkinson, au caractère bien invalidant, ne sont pas courantes chez des personnes de quarante ans.

Aussi, dans l'imaginaire collectif, dans lequel je m'inscrirais totalement, malheureusement, si je n'avais pas la connaissance de leur origine, ces troubles physiques sont souvent identifiés comme ceux de quelqu'un n'ayant pas dessaoulé de la veille…

Le regard accusateur et/ou réprobateur de certaines personnes à mon égard en disait long sur ce qu'elles imaginaient être mon état avancé d'alcoolémie.

Mes filles étaient particulièrement irritées lorsqu'elles faisaient le constat de l'ignorance accusatrice de certains. Je ne peux cependant pas leur en vouloir car j'aurais pu tirer la même conclusion qu'eux devant quelqu'un de relativement jeune à l'élocution et aux gestes approximatifs comme les miens.

Un autre symptôme qui m'a embêté relativement longtemps a été une tension musculaire au niveau des épaules si forte qu'elle en était parfois douloureuse.

Avant que ceci ne puisse être réglé d'abord par des injections de toxine botulique puis par des séances bihebdomadaires de kinésithérapie, j'avais parfois l'impression d'avoir les épaules qui remontaient au niveau des oreilles. Ce n'était d'ailleurs probablement pas qu'une impression.

Je me souviens d'une réunion annuelle de mon entreprise. Ces réunions sont systématiquement organisées en fin d'année afin de faire le bilan de l'exercice qui s'achève et définir les grands enjeux de l'année à venir. C'est aussi et surtout l'occasion pour tous les collaborateurs du siège et des agences de se retrouver pour partager un moment de convivialité.

J'étais à l'extérieur en train de fumer une cigarette. Jean-Philippe, un Nantais avec qui j'échange alors régulièrement sur la thématique des déplacements, se joint à moi. Remarquant ma posture il me lance alors avec un grand sourire : "tu as un handicap ou tu as froid ?". Après une très courte réflexion, et dans la mesure où sa maladresse était évidente, je lui ai répondu que c'était probablement un peu des deux.

Devant sa confusion sincère et touchante, je m'amuserai à le titiller une bonne partie de la soirée sur sa stigmatisation du handicap, sachant par ailleurs qu'il est engagé dans des associations défendant les droits des personnes handicapées.

Les dyskinésies sont une conséquence indirecte de la maladie de Parkinson. Tout comme l'amplification des addictions, elles sont la conséquence des effets secondaires des médicaments anti-parkinsoniens. C'est la Lévodopa qui est en cause dans le cas présent.

Les dyskinésies dont j'ai eu à m'accommoder jusqu'à l'opération ont essentiellement concerné mon bras gauche. Lors de la marche, lorsque je cuisinais, et plus généralement dès que j'avais une activité ne mobilisant pas ce dernier, celui-ci, lorsque je n'y prêtais pas attention, se retrouvait généralement dans mon dos.

Cela ne constitue pas un problème insurmontable en soi mais il s'agit tout de même d'un énième témoin de la maladie de Parkinson venant se cumuler aux autres.

Les symptômes non visibles de la maladie sont redoutables. Non seulement, ils sont difficilement supportables physiquement, mais ils attaquent petit à petit la santé psychique, pouvant dans certains cas être particulièrement destructeurs.

Les douleurs constituèrent une des premières manifestations de la maladie de Parkinson. Elles sont assez semblables aux douleurs de croissance dont j'ai souvenir durant mes jeunes années.

Cependant, je crois avoir fini de grandir il y a bien longtemps. Ma seule croissance actuelle est latérale. L'embonpoint me gagne notamment en raison d'un manque criant d'exercice : blocages et rigidité musculaire cumulés pendant quelques longs mois au confinement n'aident pas à garder la ligne.

A ceci viennent s'ajouter des fringales nocturnes exacerbées, a priori, par les effets secondaires de certains médicaments. Au final, une prise de poids d'environ vingt kilos sur ces trois dernières années.

Se situant au niveau des articulations (poignets, coudes, genoux et chevilles en particulier), les douleurs ressemblent, du moins j'imagine, à un début d'écartèlement. Si cette image peut paraître assez révulsante, c'est pourtant celle qui me semble la plus appropriée pour décrire ces maux.

Ces derniers peuvent être considérés comme injustifiés d'un point de vue musculo squelettique, mais sont pourtant bien présents. Mon médecin traitant comparera ces douleurs à celles ressenties parfois par les personnes amputées et ayant mal à leur membre fantôme. Ces douleurs ne me quitteront quasiment jamais, jusqu'à l'opération.

La période hivernale ne m'est guère favorable. Le froid exacerbe la rigidité musculaire et les douleurs. C'est d'ailleurs la seule période où je peux être amené à trembler de la main gauche, ce qui n'était pas le cas auparavant.

C'est tout de même scandaleux que la sécurité sociale ne finance pas des mois de vacances au soleil pendant l'hiver pour les malades et leur famille..!!

La nuit, il est généralement vain d'essayer de résoudre des problèmes de quelque nature qu'ils soient. Trouver des solutions raisonnées à des difficultés relève alors en effet de l'utopie. Le manque de discernement lié à la fatigue, l'absence de lucidité par rapport à ce qu'est la réelle importance du noeud à démêler peuvent amener à penser qu'on est au bout de sa vie alors qu'au petit matin on se demandera pourquoi on s'est mis dans un pareil état pour si peu.

Dans une certaine mesure, j'imagine que c'est un peu le même processus pour la perception des douleurs. Je ne vois pas de raison objective à ce qu'elles soient plus importantes, parfois même à la limite du supportable, pendant la nuit. Pourtant c'est bien le cas !

Tantôt m'empêchant de m'endormir, tantôt m'extirpant de mon sommeil et me gardant éveillé, elles m'ont pourri l'existence pendant des années.

C'est un doux euphémisme que de dire que je ne regrette pas ces nuits, où les douleurs intra articulaires, sur lesquelles je ne pouvais que me focaliser, me faisaient parfois me tordre de douleur.

Prendre un bain chaud en pleine nuit pour détendre mes muscles ou me lever pour regarder la télé, afin d'essayer de porter mon attention sur autre chose, fonctionnaient parfois ; mais pas toujours.

Avant d'être atteint par la maladie, j'avais une très grande facilité à m'endormir. Il ne me fallait que quelques minutes pour tomber dans les bras de Morphée dès lors que j'étais sous la couette.

J'appréciais tout particulièrement ces quelques minutes qui précédaient l'endormissement et pendant lesquelles je réussissais à repousser le stress du travail et imaginais mon prochain chantier de bricolage dans ma maison.

Indépendamment des douleurs dont je réussissais heureusement à m'accommoder régulièrement, la maladie de Parkinson va de paire avec des insomnies.

Pendant les deux années qui ont précédé la stimulation cérébrale profonde, j'ai dû dormir en moyenne quatre à cinq heures par nuit. Il m'arrivait parfois de parvenir à faire des nuits à peu près correctes, tout comme je pouvais faire deux nuits blanches consécutives.

C'est alors le serpent qui se mord la queue, un engrenage infernal. La fatigue accroît les symptômes de la maladie, qui, eux-mêmes, obèrent la capacité à dormir.

Plus d'une fois, j'ai eu envie de me défenestrer.

Lorsque l'on est épuisé après une deuxième nuit sans dormir, que l'on ne parvient pas à trouver le sommeil, que les douleurs sont bien présentes, que le fait de se mouvoir requiert des efforts incommensurables, que l'on se sent inutile car encore en arrêt de travail et en difficulté dès lors qu'il faut aligner plus de trois mots à quatre syllabes, on se sent alors incroyablement seul face à sa maladie et totalement désemparé.

Si je n'ai jamais sauté par la fenêtre, au-delà du fait que ma chambre se situe au rez-de-chaussée, c'est parce que je me suis raccroché à ma famille. Elle a toujours constitué mon phare dans la noirceur de la maladie.

Avoir des enfants est un acte égoïste à la base. Il répond à une envie, à un besoin des parents. Je considère que cela aurait été les trahir, un acte d'égoïsme ultime, que de mettre fin à mes jours. Je ne leur ai dit que récemment, après l'opération. Je n'aurais pas voulu que mes filles se sentent une quelconque responsabilité injustifiée dans mon mal être, dont je refusais de m'échapper de manière irrémédiable, du fait de leur existence.

Dans les réjouissances nocturnes inhérentes à la maladie, la rigidité rend incroyablement difficile le fait de se tourner dans le lit. Ce mouvement, que chacun réalise sans même y penser, est d'une difficulté absolue au plus fort des symptômes.

Cela n'a l'air de rien et peut paraître anodin mais, lorsque l'on ne parvient pas à dormir et que l'on a mal, l'effort que demande le fait de se tourner dans le lit constitue un élément supplémentaire rappelant que, peu à peu, on perd l'usage de son corps.

En guise d'ultime fourberie de la maladie, je pense que le syndrome des jambes sans repos, lorsqu'il vient s'ajouter aux difficultés précédemment décrites, se pose là !

Aussi nommé "maladie de Willis et Ekbom", il s'agit d'un trouble du système nerveux provoquant un besoin impérieux de bouger les jambes. Légèrement douloureuses, mais surtout extrêmement désagréables, ces sensations provoquent un agacement dans les jambes, une "impatience", responsable de mouvements incontrôlés et d'un besoin irrésistible de bouger. Seule la marche me permet alors d'y remédier.

C'en serait presque comique si ce n'était pas réel.

D'ailleurs, lorsqu'en pleine nuit, bien souvent épuisé et les nerfs à vif, je déambulais dans mon salon, j'imaginais un bonimenteur "vendre" le produit :

"Vous êtes éreintés par des nuits au sommeil trop court ?

Vous avez du mal à trouver le sommeil ?

Vous déplacer est compliqué ?

Vous croyez qu'on ne peut pas en rajouter pour que vous alliez encore plus mal ? Détrompez-vous !

Voici, pour vous, le syndrome des jambes sans repos !"

(En) parler

D'où je viens

***

Parler de sa maladie peut paraître comme une évidence pour la vivre le moins mal possible. Mais, sous réserve de partager ce postulat de base, comment et à qui en parler ?

Nous n'avons bien entendu pas tous les mêmes besoins, la même aisance à verbaliser les choses, la même histoire, les mêmes entourages, etc.

C'est pourquoi je ne me hasarderai pas à définir un mode d'emploi, une théorie quant à la parole comme élément essentiel du mieux vivre sa maladie. D'autres l'ont déjà fait et ont traité le sujet avec bien plus de pertinence que j'en serais capable. Aussi, et comme je l'avais évoqué en avant-propos, je ne relaterai là encore que ma propre expérience.

Avant d'évoquer mon vécu face à la maladie de Parkinson, il me semble important de mettre quelques éléments du passé en avant, afin d'expliquer, que la parole libre et facile que j'ai eue face à la maladie n'était pas nécessairement une évidence au départ.

Je n'ai rien de fondamental à reprocher à mes parents. Je devrais même plutôt les remercier de l'éducation et de l'attention qu'ils m'ont données plutôt que d'introduire le sujet comme je viens de le faire. Cependant, sur le sujet spécifique de l'expression des sentiments, la retenue a très longtemps été de rigueur.

Mes parents croyaient davantage aux actes qu'aux mots. Je me savais aimé même s'ils ne me l'ont jamais dit lorsque je vivais sous leur toit.

Mon père s'est vu diagnostiquer une leucémie alors qu'il avait quarante-et-un ans. J'en avais alors sept. On lui pronostiquait une espérance de vie de dix ans au maximum. Mes parents ont fait le choix de ne rien dire à leurs enfants.

Étant l'aîné de trois frères, ils ont considéré qu'il fallait nous préserver de ceci du fait de notre jeune âge. Le plus petit de mes frères avait alors à peine un an. Par ailleurs, mon père ne voulait pas que ses enfants ne le voient que comme un malade.

Je crois avoir identifié assez rapidement que quelque chose n'allait pas. Mais, afin de me préserver, je suppose, ce qui peut aussi être assimilé à un certain manque de courage, je n'ai jamais cherché à en savoir davantage. A posteriori, je ne crois pas regretter le choix de mes parents que je ne peux de toute manière que respecter.

Je me souviendrai toute ma vie d'un moment de silence bien particulier témoignant de mon incapacité, ou du moins de mes difficultés, de l'époque, à échanger. Mon père était ouvrier à la Direction Départementale de l'Equipement. Il a beaucoup souffert du décès d'un de ses amis et collègues. Il avait à peu près le même âge que mon père, ce qui a dû le renvoyer à son propre cas, indéniablement. J'avais alors dix-huit ans. Fragilisé par la perte de son ami, il avait connu un épisode dépressif.

Comme chaque fin d'après-midi de la semaine, une fois rentré de son travail, il faisait un tour rapide des chambres, dans lesquelles nous faisions nos devoirs généralement, pour prendre des nouvelles de nos journées.

Ce jour-là, après m'avoir demandé si tout allait bien et que je lui aie répondu par l'affirmative, je fus surpris de ne pas le voir quitter ma chambre comme à son habitude. Après quelques instants, le regard dans le vide, il me dit qu'il risquait de lui arriver la même chose qu'à Jean, son ami défunt, à plus ou moins court terme…

Je suis resté stupéfait, figé, incapable de réfléchir ni d'analyser ce que mon père venait de me dire. Je n'ai réussi qu'à marmonner un banal et bien peu réconfortant "je ne sais pas quoi te dire" auquel il a répondu que ça devrait plutôt être à lui de trouver les mots. S'en est suivi un très long moment de silence au terme duquel, avec un sourire d'une tristesse absolue, il me dit me laisser faire mes révisions et que nous nous verrions au dîner.

Ce sera le seul et unique moment où nous aurons échangé, si l'on peut dire, au sujet de sa maladie.

Chacun faisant comme il peut avant de faire comme il veut, je ne porte pas le moindre jugement sur cette absence de dialogue à propos de la maladie. Je ne crois pas que ceci ait dégradé ma construction personnelle. Mon père a très certainement dû en souffrir bien plus que moi, lui qui, pourtant, aimait tant parler et débattre dès qu'il en avait l'occasion.

Ceci m'aura cependant laissé des regrets : avoir fui la maladie de mon père et lui-même par conséquent, notamment durant la dernière année de sa vie.

J'étais en quatrième année d'école d'Ingénieur et vivais toujours chez mes parents. J'avais vingt-et-un ans. Je passais mes journées à l'école et, le soir venu, j'allais travailler au McDonald's jusqu'à minuit. J'allais ensuite retrouver mes amis en train de festoyer quelque part dans Caen un peu plus tard, notamment en fin de semaine.

Pendant un an, j'ai fui ce que je ne voulais pas voir : la maladie qui gagnait le combat sur mon père, la dépression qui s'installait définitivement jusqu'à devoir l'hospitaliser.

Je n'étais pas là lorsqu'il a dit en quittant sa maison qu'il savait qu'il ne la reverrait jamais, je ne suis que trop rarement allé le voir ensuite au C.H.U., et je n'ai même pas été capable de lui dire que je l'aimais lorsque j'ai su que ses heures étaient comptées et que je le voyais pour la dernière fois.

J'ai fait comme j'ai pu, c'est à dire pas grand chose ! Il m'a fallu trouver les mots pour annoncer la nouvelle à mes frères et proposer à mon cadet de se rendre à son chevet s'il le souhaitait mais sans qu'il se sente contraint dans son choix. Mes frères avaient alors dix-huit, quinze et quatorze ans.

Nous étions déjà proches les uns des autres. La disparition de notre père a renforcé ce lien et nous a permis, je pense, progressivement, d'échanger davantage et de commencer à verbaliser nos sentiments, chose qui nous était jusque-là plutôt étrangère.

Cela viendra plus tard avec ma mère.

De son côté, Abi a, elle aussi, perdu son père jeune. Je ne l'ai pas connu. Son éducation a été assez différente de celle que j'ai pu recevoir sur certains points et notamment sur la gestion de la maladie. Ses parents avaient en effet fait le choix de partager avec leurs trois enfants les difficultés relatives aux problèmes de santé de leur père. Ils étaient cependant bien plus âgés que mes jeunes frères.

Ce sont ainsi ces deux expériences combinées qui nous ont amené à faire le choix d'en parler à nos enfants, chose qui n'apparaissait pas pour moi comme une évidence au départ.

Lorsque nous avons évoqué la maladie à nos filles, Daphnée était âgée de onze ans, Alice et Juliette de 10 ans. Abi avait pris conseil auprès d'une psychologue à cet effet. Nous l'avons fait à l'occasion de notre apéro dinatoire familial de fin de semaine. Coutume qui perdure encore aujourd'hui lorsque nous sommes tous réunis à la maison le vendredi.

Il était important, de notre point de vue, qu'elles comprennent que j'avais un problème de santé, qui allait nécessiter des soins et un traitement médicamenteux particulier, sans pour autant que cela suscite de l'inquiétude plus que de raison. Je crois que nous y sommes plutôt bien parvenus.

Ces premiers éléments dont elles disposaient leur ont permis de comprendre, par exemple, pourquoi je devais prendre des médicaments qui, le temps que mon corps s'y habitue, m'ont occasionné des nausées, durant quelques semaines.

Nous ne leur avons précisé le nom de la maladie que bien plus tard, lorsque nous avons considéré qu'elles étaient en capacité d'avoir un regard critique notamment sur ce qu'elles pourraient lire sur internet...

L'accompagnement psychologique

***

Très pragmatique et rationnel par nature, j'avais à la base une réelle défiance à l'égard des magnétiseurs et guérisseurs. Aujourd'hui, mon regard a évolué mais je reste très vigilant vis-à-vis des nombreux charlatans profitant de la détresse et du désarroi de certains qui cherchent un remède miraculeux à leurs maux, qu'ils soient physiques et/ou psychologiques.

Mon propos ne consiste pas à encourager le fait de se tourner vers ces derniers de manière systématique mais, avec toute la vigilance qui s'impose, de ne pas exclure que certains puissent apporter réconfort et bien-être.

Si je devais donner un conseil en particulier, ce serait de ne surtout pas aller consulter un guérisseur sans qu'il ne soit conseillé par des personnes de confiance.

Les deux personnes vers lesquelles j'ai été orienté répondaient à ce critère.

Les coordonnées de la première, Jeannine, m'avaient été communiquées par un de mes frères qui était allé la consulter. Ma belle-sœur l'avait également rencontrée et j'avoue avoir eu du mal à croire certains éléments qu'elle m'avait rapportés. J'ai révisé mon jugement suite à ma propre expérience.

Je mets tout de suite un terme au suspens, cette rencontre avec Jeannine ne m'aura rien apporté quant à la maladie de Parkinson. Elle m'a cependant d'une part confirmé le danger que pouvait représenter un magnétiseur pour des personnes fragiles, et par ailleurs, fait prendre conscience que certaines personnes avaient des capacités nous dépassant, ou en tout cas, ME dépassant.

Ces capacités, je pense, lorsqu'elles sont avérées, demandent une grande aptitude à gérer la psychologie de l'autre. Sans filtres, les propos du magnétiseur peuvent être dévastateurs chez des personnes fragiles, surtout lorsque ceux-ci sont appuyés par des faits, des actes percutants.

Comme le dit Benjamin Parker à son neveu : "Un grand pouvoir implique de grandes responsabilités."

En l'occurrence, les capacités de Jeannine sont hors normes. Ce qui me perturbe le plus quant à sa manière de gérer son don est le fait qu'elle n'écoute pas la personne qui vient la voir. Ceux qui l'ont consulté avant moi confirment le fait qu'il est très difficile de pouvoir s'exprimer face à elle, dans la mesure où elle monopolise la parole étant parfois à la limite de la diarrhée verbale. Au moins, on ne peut pas la suspecter de piocher des informations dans ce qu'on lui dit pour s'appuyer dessus par la suite…

Lorsque j'ai pris rendez-vous avec elle, c'était bien entendu pour la maladie de Parkinson et plus particulièrement un symptôme qui était alors prépondérant sur les autres, à savoir la douleur.

Celle-ci était extrêmement présente dans mon quotidien et reléguait, à cette époque, les autres difficultés relatives à la maladie au second plan.

Son monologue, le mot dialogue étant inapproprié dans le cas présent, a duré près de deux heures. Il a beaucoup été question de religion et de ses facultés, qu'elle disait mettre au service de médecins qui peuvent la solliciter sur des cas désespérés de cancer.

Tandis qu'elle évoquait ces différents sujets, elle s'interrompt tout à coup. "Tu as des enfants ?" me demande-t-elle.

Jeannine a le tutoiement facile.

Suite à ma réponse affirmative, elle me dit avoir un souci avec les chiffres. Il y a quelque chose qui ne colle pas entre le nombre de naissances, grossesses, enfants me dit-elle sans pouvoir m'en dire davantage. Lorsque je lui dis que la réponse réside probablement dans le fait que j'ai des jumelles, elle semble alors soulagée. Elle craignait une fausse couche ou un enfant décédé.

Au bout d'un temps interminable, elle en vient enfin à se pencher sur le sujet qui est à l'origine de ma venue. Son pendule à la main, elle feuillette les pages d'un livre sur l'anatomie humaine.

Selon elle, il est très clair que mon mal n'a rien à voir avec la maladie de Parkinson mais réside dans un problème situé au niveau de la colonne vertébrale. Elle passe sa main dans mon dos, sans me toucher, et tandis qu'elle respire fortement, je ressens une chaleur assez importante à cet endroit.

Elle passe ensuite en revue mes médicaments. Considérant que l'un d'entre eux m'est plus nocif que bénéfique, elle me dit que je devrais arrêter de le prendre. Elle m'invite à m'orienter vers un médicament à base de plantes qu'elle a mis au point avec un laboratoire dont je n'ai pas retenu le nom.

Je ne nie pas le fait qu'elle ait des résultats pour certaines personnes qui viennent la consulter, je ne peux cependant pas non plus affirmer que ce soit le cas. Toujours est-il que je n'ai rien changé à mon traitement médicamenteux. Son absence de nuance et de mise en garde quant à une modification de traitement a généré ma défiance.

Pourquoi ne pas m'inviter à en discuter avec mon neurologue qui en est le prescripteur ?

Au moment de la quitter, elle me regarde fixement et me demande si j'ai mal à l'épaule gauche. Malgré ma réponse négative, elle insiste et me dit qu'elle est persuadée qu'il y a quelque chose.

Elle avait simplement tort sur un point : la temporalité. En effet, je n'avais pas encore mal, mais cela allait arriver. J'allais passer l'après-midi dans un salon de tatouage pour me faire piquer, comme disent les tatoueurs, un dessin biomécanique sur l'épaule gauche…

En fin de journée, et comme nous en avions convenu, je la rappelais afin qu'elle vérifie l'absence de mauvaises ondes dans ma maison. J'avoue que je n 'y croyais pas tellement, mais après tout, ça ne coûtait rien (de plus) d'essayer.

Je l'appelle donc depuis mon téléphone fixe. Elle me demande de prendre position où je souhaite dans la maison et de ne plus bouger. Encore aujourd'hui, je reste totalement bluffé et sans explication sur ce qui s'en est suivi.

Je suis très peu sur les réseaux sociaux et n'y ai publié aucune photo de mon domicile. Elle n'avait par ailleurs aucun moyen de connaître ma position dans la maison. Pourtant, une fois ma position choisie, Jeannine commence à décrire les volumes autour de moi comme si elle voyait à travers mes propres yeux.

Elle ira jusqu'à identifier les chambres mansardées à ma gauche à l'étage, une zone particulièrement humide à droite derrière moi qui correspond au puisard, une marche à l'entrée de ma maison, la position de l'église, etc.

Je n'en reviens pas !

Puis, à un moment donné, elle se focalise sur l'escalier de la maison identifiant un volume le séparant d'une pièce de vie. Sa vision se précise ensuite et elle demande s'il s'agit d'une bibliothèque car elle ressent la présence de livres. C'est bien le cas !

Elle me dit alors qu'il y a trois livres bien plus anciens que les autres dont elles me décrira les couleurs principales. Ils dégagent une énergie positive selon elle.

Encore une fois, cette expérience ne m'aura rien apporté quant à la maladie de Parkinson mais convaincu du fait que certaines personnes ont des facultés hors normes.

A posteriori, j'ai révisé mon jugement sur le retour d'expérience de ma belle-sœur avec Jeannine, lorsqu'elle m'a raconté son échange téléphonique ayant pour but d'identifier d'éventuels objets porteurs de mauvaises ondes. Durant cet échange, Jeannine a été décontenancée, disant voir les choses en double. C'est le moment où ma belle-sœur a bougé et a fait face à un miroir…

Quelques mois plus tard, je consultais Didier.

Ce guérisseur m'était recommandé par un ami qui l'avait lui-même rencontré quelques jours auparavant. Je n'avais pas vraiment le moral à cette époque. Une première séance avec une psychologue m'avait laissé dubitatif sur sa capacité à pouvoir m'aider et je ressentais vraiment le besoin d'être accompagné sans réellement identifier mon besoin.

Avant d'être guérisseur, Didier est surtout un fin psychologue. Il écoute avant de s'exprimer et témoigne d'une grande empathie, sans qu'à un quelconque moment je n'ai eu le sentiment d'être jugé.

Une de ses capacités est de voir les énergies des personnes. Ceci lui permet, selon ses dires, d'identifier tout de suite ce qui peut poser problème et d'aiguiller son patient pour l'amener à découvrir par lui-même l'origine de ses maux.

Si son intervention est nettement moins spectaculaire que celle de Jeannine, elle est cependant d'une redoutable efficacité. Son but, me dit-il, n'est pas de s'inscrire dans la durée en multipliant les séances, mais de faire en sorte que celui qui vient le voir, aille mieux le plus vite possible.

Après avoir rapidement évoqué la maladie de Parkinson que je lui dis plutôt bien vivre, il me confirme qu'effectivement ce n'est pas celle-ci qui est directement en cause et m'invite à m'interroger quant à quelque chose que j'aurais pu faire et qui me ronge de l'intérieur. Cela semble bien visible pour lui apparemment ; et effectivement, j'avais encore bien du mal à me pardonner un épisode dont je ne suis pas fier.

J'ai toujours aimé jouer (jeux de société et jeux vidéos notamment). J'ai également régulièrement joué au poker en ligne, limitant les mises, la plupart du temps, à quelques dizaines d'euros par mois.

J'avais été alerté, d'abord par le docteur Fromager, puis par le professeur Maltête sur les risques d'addictions liés à certains médicaments pris pour limiter les symptômes de la maladie.

Le Requip est l'un d'eux. Il agit en stimulant les récepteurs de la dopamine, molécule qui transmet les informations entre les neurones.

Dans l'ouvrage "Effets secondaires, le scandale français" , les auteurs mettent en avant l'efficacité de ce traitement mais "le malade qui prend ces médicaments peut perdre tout esprit critique et adopter des conduites addictives".

Dès lors, "le joueur est enfermé dans une logique absurde où les échecs successifs sont perçus comme autant de parties "presque gagnées", l'incitant à jouer et à rejouer".

J'avais beau le savoir et me croire assez costaud pour gérer ça, il n'en était rien en réalité.

J'ai joué, et j'ai perdu. Il n'est pas question de sommes astronomiques mettant en péril l'économie familiale mais j'ai tout de même dû atteindre un peu plus de mille euros de pertes. Je me suis rarement senti aussi fragile. C'est en effet terrible d'être obnubilé par une chose que l'on sait nocive, qui accapare l'esprit en permanence, qui est d'une chronophagie absolue, qui n'apporte rien si ce n'est le risque de détruire tant de choses précieuses.

A chaque fois que je réinjectais de l'argent dans le jeu, je savais que je déconnais, il n'y a pas d'autre mot, mais je ne pouvais pourtant pas m'en empêcher. Ca a été très difficile d'admettre que j'avais un problème et surtout d'en parler après avoir dissimulé ceci à mes proches, Abi en particulier bien entendu, ainsi qu'au Professeur Maltête.

J'avais tellement honte, j'étais si désemparé que des idées noires me traversaient régulièrement l'esprit. Je ne me sentais cependant pas le droit de lâcher ma famille en fuyant de manière définitive cette difficulté.

Je plains de tout cœur ceux qui sont pris dans l'engrenage du jeu. J'ai pu entrevoir l'enfer qu'ils vivent, eux et leurs proches, et je me demande comment font les familles pour résister à ça.

Je sais que j'ai une appétence pour le jeu, que j'arrive à maîtriser, mais le Requip m'a transformé, m'empêchant de pouvoir la gérer. Heureusement pour moi, je n'ai malgré tout pas dépensé des sommes folles même si elles ont été bien supérieures à ce que je considère comme des mises raisonnables.

Une fois le choc passé, Abi n'a eu de cesse de me dire que ce n'était pas réellement moi qui jouais et c'est là ma chance d'ailleurs : d'une part qu'elle ait compris la situation dans laquelle je me trouvais, et d'autre part le fait que cette transformation n'était pas définitive.

Il a fallu que je lutte tant bien que mal contre mes démons du jeu jusqu'à l'opération. Depuis, les médicaments ont été réduits de manière considérable. Le Requip n'en fait plus partie et mon envie de jeu est devenue à peu près nulle.

Je continue cependant de m'interdire de jouer le moindre euro en ligne afin de ne pas tenter le diable. On ne sait jamais !

Certains médicaments pourraient être comparés à la lumière que l'on entrevoit au bout du tunnel. Encore faut-il s'assurer que leurs effets secondaires ne soient pas en réalité les phares d'une locomotive lancée à pleine vitesse sur nous !

Didier m'aura bien aidé à gérer cette difficulté ainsi qu'une autre bien moins problématique. Ne me sentant plus en capacité de gérer l'agence dont j'avais la responsabilité, j'avais demandé à ma direction d'être remplacé.

Ce renoncement à mon poste de responsable d'agence était notamment dû aux arrêts de travail qui commençaient à se multiplier ainsi qu'à un passage à temps partiel que j'avais sollicité et qui, selon moi, ne me permettaient pas de remplir convenablement ma fonction.

Si ma décision était raisonnée et totalement assumée, j'étais cependant dans une phase transitoire que je trouvais assez inconfortable.

Didier a su trouver LE mot me permettant de gérer sereinement et patiemment cet épisode : intérim.

Il m'a en effet conseillé de me considérer en intérim à mon poste de responsable d'agence. Malgré le fait que cela puisse paraître tout bête, ce conseil m'aura été d'une aide précieuse. Tout en conservant la même pugnacité à remplir les tâches liées à ma fonction, cette notion d'intérim me permettait de prendre les difficultés professionnelles liées à ma maladie avec plus de légèreté.

Plus que par ses capacités de guérisseur, c'est avant tout par son approche psychologique que Didier m'a aidé.

Un "simple" psychologue aurait peut-être eu les mêmes résultats, mais je n'ai pas eu besoin de le chercher.

(F)ami(lle)

***

L'isolement des malades est un symptôme indirect de la maladie de Parkinson. Le fait de se refermer sur soi ne peut malheureusement qu'amplifier les difficultés, à la fois pour le malade, mais également pour l'aidant dont le rôle se trouve décuplé et les moments pour souffler réduits.

Tsunetomo Yamamoto, ancien samouraï, précise dans un guide pratique et spirituel à destination des guerriers (Hagakure) : "Si vous désirez sonder le coeur d'un ami, tombez malade"

Je vais tout de suite rassurer famille et amis quant au fait que je n'avais aucun doute sur leurs sentiments et que le fait d'être atteint très jeune de la maladie de Parkinson n'avait ni vocation à les tester, ni à me faire remarquer !

Plus sérieusement, et bien que j'ai conscience d'enfoncer une porte ouverte en l'écrivant, l'amitié et les liens familiaux se travaillent et s'entretiennent en permanence.

Cela est évidemment beaucoup plus facile lorsque la très grande majorité des personnes constituant mon entourage proche est d'une grande intelligence dans la relation aux autres et surtout dotée d'une réelle empathie. J'arrête là les compliments, même s'ils en mériteraient encore bien davantage, sinon je ne pourrai plus les tenir…

Famille et amis sont depuis toujours essentiels à mon équilibre. Je pense d'ailleurs que c'est le cas pour une très grande majorité de gens. Cet équilibre personnel repose sur un équilibre de la relation entre les protagonistes.

J'ai la chance d'avoir des personnes qui m'entourent auxquelles je peux me confier, parler de ma maladie, de mes difficultés sans pour autant que ce soit un sujet systématique ou exclusif. Je ne confonds pas amis et psychologues.

Si cela peut paraître comme une évidence, je pense cependant qu'il est important de ne jamais l'oublier. D'abord parce que ce serait leur faire peser une responsabilité sur les épaules qu'ils n'ont pas à assumer et que cela reviendrait également à attendre d'eux ce qu'ils ne pourraient pas m'offrir.

Si je voulais une aide psychologique permanente, des personnes qui comprennent parfaitement la maladie et les difficultés induites, je n'aurais que des amis du monde médical et/ou atteint de la maladie de Parkinson. Et c'est bien là tout l'inverse dont j'ai besoin.

Tout comme j'ai besoin d'être écouté, parfois, je souhaite également que les autres puissent se confier quant à leurs tracas plus ou moins importants du quotidien. Et puis parler de tout et de rien, s'engueuler sur des sujets de fond comme la cuisson de la côte de bœuf au barbecue, rire, aller voir des spectacles, bref, partager des moments de vie et d'insouciance, tout ceci est absolument vital.

De mon point de vue, il n'y a pas d'échelle universelle de notation de la douleur et des tourments. Elle est spécifique à chacun. Nous avons tous des limites, des seuils d'acceptation différents en fonction de ce que nous sommes et de notre état global du moment.

Partant de ce principe, je n'ai pas à revendiquer que c'est plus difficile pour moi que pour un autre. Hors contexte, il est certain que si l'on prend les symptômes de la maladie qui me ronge, et notamment dans les semaines précédant l'opération, j'étais véritablement en enfer. Ce qui m'a permis de tenir le coup : une perspective d'amélioration importante à court terme et la présence bienveillante, et en aucun cas compatissante ou encore moins larmoyante, de mes proches.

Tout ça pour dire, avec un probable manque d'humilité, que j'apporterais une précision à la citation de Tsunetomo Yamamoto, évoquée précédemment, pour définitivement la faire mienne. Si effectivement la maladie peut éclairer sur "le cœur d'un ami", elle en dit également beaucoup sur ce que nous sommes, dans le contexte du morceau de vie que nous traversons.

Lorsque j'ai su que j'étais malade, je l'ai immédiatement dit à mon entourage, sans gravité, au gré des rencontres. Nous avons même réussi à en plaisanter avec certains.

Lorsque, par exemple, on m'interrogeait sur les bienfaits de la pratique du sport, je répondais que si certaines activités sportives pouvaient effectivement être d'un bénéfice certain, d'autres étaient plus difficiles à pratiquer aujourd'hui.

Ce n'est absolument pas vrai, mais je mettais alors la rigidité de mes membres du côté gauche comme incompatibles avec la pratique de la natation. En effet, je redoutais, disais-je, de tourner en rond en nageant la brasse étant données mes capacités physiques dissymétriques.

Plus sérieusement, le fait d'avoir évoqué ma maladie relativement tôt avec mes proches, d'avoir mis des mots sur les maux, me permet d'assumer un peu plus facilement les déficits de langage dont je peux souffrir, comme la recherche de mots, l'articulation, le volume et le ton.

"L'anomie est souvent l'une des premières capacités affaiblies. Les gens luttent parfois pour rassembler leurs idées et ont besoin de plus de temps pour les organiser et les communiquer. La capacité à saisir des phrases et des concepts complexes peut également être diminuée. La participation des personnes atteintes aux conversations est souvent très touchée. Dans les premières phases de la maladie, les personnes atteintes n'essaieront peut-être pas d'exprimer de nouvelles idées ou observations, et l'étendue de leurs sujets de conversation sera peut-être restreinte. Il se peut qu'elles parlent moins qu'à l'habitude, et la conversation sera peut-être réduite." (source : site internet Avancer avec Parkinson)

De ce fait, le piège tendu par la maladie est double. Outre les symptômes, qui obèrent la capacité à communiquer aisément et incitent à se refermer sur soi, le fait de savoir qu'ils existent peut inciter à ne pas faire les efforts nécessaires pour dépasser ces difficultés.

Si je suis convaincu de ce que j'écris, je ne parviens cependant pas à me l'appliquer suffisamment souvent. C'est un tel effort physique, parfois, que de parler tout en prenant le soin d'articuler, d'avoir un volume suffisant sans aller trop vite, que l'épuisement l'emporte. Dans ces cas-là, l'image qui me semble la plus appropriée est celle d'un marathonien qui, au terme de sa course, devrait finir par un 3000 mètres steeple. Ce n'est pas forcément très facile…

La stimulation cérébrale profonde ne permet pas de corriger ces difficultés et a même parfois tendance à les augmenter dans certains cas.

Aujourd'hui, je dirais que mon élocution est un très bon témoin de ma forme du moment.

France Parkinson

***

Au gré de mes recherches sur Internet, j'ai découvert l'existence de l'association France Parkinson et de ses déclinaisons locales. J'avais le sentiment de plutôt bien vivre avec ma maladie mais j'étais malgré tout preneur d'échanges avec des personnes pouvant m'apporter leur expérience.

Ma première action fut de parcourir le site internet de l'association que je trouvais plutôt pertinent et éclairant sur différents aspects de la maladie.

Cependant, je n'y trouvais pas vraiment mon compte. La plupart des personnes atteintes de la maladie sont généralement bien plus âgées que moi. Leurs difficultés et besoins sont donc tout naturellement différents. Je recherchais une sorte de mode d'emploi du comment vivre avec la maladie de Parkinson avant quarante ans, sur les choses à faire et ne pas faire, les difficultés auxquelles je pouvais m'attendre, etc.

Espérer que cette recherche serait concluante relevait bien évidemment de l'utopie, chacun appréhendant les choses de manière différente, d'autant plus lorsqu'il s'agit d'une maladie dont les symptômes diffèrent en fonction des personnes.

De nombreux sites existent et apportent un éclairage sur la maladie, les difficultés que l'on peut rencontrer, la recherche, etc.

Même si cela peut paraître comme une évidence, ceci étant valable pour toutes les maladies, je me suis assez vite rendu compte qu'il fallait mieux limiter mes lectures aux sites spécialisés. Éviter les sites trop généraux et forums est essentiel si on veut garder le moral. Il y a une tendance naturelle à exprimer, sur les forums notamment, le mécontentement, les douleurs et autres difficultés plutôt que de partager le fait que cela va plutôt bien.

Il y a malheureusement bien plus de négatif que de positif qui ressort de l'expression numérique autour de la maladie.

Françoise Thoraval, dont le mari était atteint de la maladie de Parkinson, était la représentante locale de l'association France Parkinson. J'avais eu l'occasion d'échanger avec elle sur mes attentes.

Nous avons assez vite convenu du fait que je ne trouverai pas mon compte dans les différentes réunions alors organisées par l'association. Le décalage entre ma situation et celle de la plupart des adhérents, en raison de l'âge bien entendu, était en effet trop important. Les problématiques de personnes âgées et retraitées, même si elles sont touchées par la même maladie, sont nécessairement différentes des miennes.

Quelque temps après ce premier échange, en 2015, elle revient vers moi pour me faire part de la mise en place d'un nouveau rendez-vous à destination des parkinsoniens en activité : le café jeune Parkinson. Il est présenté ainsi :

"Les cafés jeunes Parkinson permettent d'échanger et de rompre l'isolement : des jeunes malades en âge d'être en activité professionnelle, se retrouvent régulièrement autour d'un café. L'objectif est de partager des informations sur la maladie, les changements qu'elle implique, les aides existantes, les questions liées à l'activité professionnelle... Le groupe apporte un soutien, un partage d'expérience, une écoute et de la bienveillance."

Ce format d'échanges correspondant parfaitement à mes attentes, je manifestais donc mon intérêt pour y participer. Le premier café jeune Parkinson était donc l'occasion de faire connaissance avec le groupe. Nous étions une petite dizaine à nous retrouver dans un café du centre-ville de Caen pour ce premier rendez-vous.

Un article paru dans Normandie-actu en novembre 2015 en explique l'objectif et le mode de fonctionnement :

"Pour changer des rencontres entre patients dans des cabinets médicaux ou des lieux formels, l'association veut un lieu animé. Comme une réunion entre amis, le projet propose une réunion dans un lieu privatisé "où la parole sera libre", explique l'une des fondatrices du projet contactée par Normandie-actu.

Ce sera un café. On veut quelque chose de chaleureux, un lieu d'expression où l'anonymat sera garanti. Il sera privatisé pour l'occasion "

Le quotidien est difficile, notamment pour les jeunes personnes atteintes de la maladie. " Ces personnes travaillent encore parfois ou ont de jeunes enfants. Ce rendez-vous, c'est, pour elles, une façon de pouvoir parler de leur quotidien qui change. La maladie n'attend pas, elle peut toucher parfois des personnes entre 25 et 30 ans."

Une fois par mois, dans le centre-ville de Caen

Le rendez-vous se fera à fréquence régulière et sur inscription par courriel ou téléphone au numéro de la délégation départementale de l'association. "Nous pensons à une réunion une fois par mois dans un lieu fixe, mais nous verrons en fonction du nombre de personnes souhaitant s'inscrire. La présence d'une quinzaine de personnes par séance permettra de ne pas être trop nombreux et de pouvoir avoir un échange simplement. Mais nous voulons surtout un lieu central, animé. Nous sommes en négociation avec un lieu dans le centre-ville de Caen, nous attendons une réponse prochainement."

Ouvert uniquement aux personnes malades

"Nous voulons qu'il y ait un réel échange avec les accompagnants. Les malades se retiennent parfois de dire les choses. Nous voulons que la parole soit donnée sans jugement." Qui mieux qu'une autre personne atteinte de la maladie peut comprendre cela ?

Nous n'apportons pas de solutions toutes faites, chacun doit trouver ce qui lui correspond le mieux qu'il s'agisse du traitement ou dans l'organisation de sa vie quotidienne, mais en parler permet déjà beaucoup de choses."

Une première en Normandie

L'association France Parkinson est déjà à l'initiative de plusieurs cafés comme celui-ci. "Il existe des cafés Parkinson à Bordeaux, Lyon, Toulouse, mais aussi en Seine-et-Marne. Ce sera une première en Normandie." Le projet est appuyé financièrement par l'association nationale."

Les deux animatrices, après avoir présenté les conditions logistico pratiques de ces réunions, mettent en avant les règles inhérentes à la prise de parole et surtout à l'écoute bienveillante qui doit être de rigueur.

La première réunion sera l'occasion de faire connaissance avec le groupe. Sans surprise, du haut de mes trente neuf ans, j'en suis le plus jeune.

Comme cela avait été convenu, je garderai le silence quant aux autres participants. Je me contenterai de dire qu'échanger avec eux, et plus globalement, partager ce moment de convivialité, aura été très agréable.

Après avoir participé à six cafés des jeunes Parkinsoniens, je mettrai ma participation en pause.

Après plusieurs débats très intéressants, dont notamment un traitant de l'acceptation de la maladie, je préférais privilégier des soirées plus festives. Ces cafés étant systématiquement le vendredi, l'envie de boire une bière avec des amis pour décompresser de la semaine écoulée a pris le dessus.

Si les premiers échanges m'avaient fait du bien, j'avais cependant eu rapidement l'impression de tourner en rond. Ceci est de mon entière responsabilité car il ne tenait qu'à moi de proposer un sujet ou de formaliser une attente. Cependant, je me suis rendu compte, si besoin en était, que j'avais une chance extraordinaire d'avoir une épouse à qui je peux parler, et qui sait écouter, ainsi que de nombreux amis avec lesquels échanger.

Je participerai probablement dans les temps à venir à un prochain café afin d'évoquer mon expérience récente sur la stimulation cérébrale profonde si cela intéresse le groupe.

Maladie et travail

***

J'ai assez rapidement fait part de ma maladie à mon employeur. J'ai eu la chance de pouvoir le faire sans crainte d'une réaction négative ou inappropriée.

Je l'ai fait à une période où le redressement de l'agence de Caen, dont j'avais la responsabilité, était entamé.

Je m'étais déplacé à Nantes afin d'établir la feuille de route de l'agence avec ma Direction. Entretenir et développer une proximité ainsi qu'une confiance clients retrouvés, poursuivre l'amélioration des résultats, au travers du développement et du recrutement, constituaient les axes principaux de cet échange.

Yves, président de SCE ainsi que François et Marie, Directeurs généraux délégués me recevaient donc le temps d'une demi-journée afin d'évoquer ces différents points.

Dans la mesure où la maladie de Parkinson n'était pas encore très handicapante, j'avais fait le choix de traiter le sujet au moment d'aborder le thème des ressources humaines. Je ne voulais pas donner l'impression que la maladie était devenue mon sujet principal, d'autant plus que ce n'était effectivement pas le cas !

J'ai par ailleurs fait le choix d'aborder assez tôt le sujet de ma maladie car je pouvais compter sur l'intelligence et la bienveillance de ma Direction.

Je me suis également voulu rassurant en mettant en avant le fait que je ne mettais pas toute l'énergie possible dans le redressement de l'agence pour ensuite en être le fossoyeur. Dans la mesure où la maladie évolue lentement, je pourrai en effet les alerter suffisamment tôt des difficultés que je rencontrerai afin que nous puissions en tirer les conclusions ad hoc quant à d'éventuelles adaptations de l'organisation.

Nous convenons également du fait qu'il est trop tôt pour en parler en dehors de ce cercle restreint, et notamment à l'équipe caennaise dans la mesure où, pour l'instant, ce n'est pas un sujet. Cela pourrait déstabiliser une équipe qui se remobilise après une période relativement délicate.

Yves me remerciera de la confiance dont je leur ai témoigné en dévoilant précocement ma maladie. Il m'assurera également de son soutien et de celui de l'entreprise pour tout type d'accompagnement dont je pourrai avoir besoin.

Si je n'avais aucun doute sur la réaction que serait la sienne, le fait que cela soit dit m'enlève un poids et je n'aurai jamais à le regretter.

Au fil du temps, la maladie prenant de plus en plus de place, j'ai été amené à réduire progressivement mon temps de travail.

Entre les rendez-vous médicaux, les séances de kinésithérapie, l'orthophonie, et tout simplement le besoin de me reposer, j'avais besoin de davantage de temps.

Je n'ai pas justifié de manière particulière auprès de mon équipe mon passage à temps partiel à 80%. En revanche, lorsque ce temps de travail a été réduit à 60%, je n'ai pas eu d'autre choix que de leur dire ce qu'il en était.

Ce fut l'une des rares fois où je fus gagné par l'émotion en annonçant ma maladie. Je me suis voulu rassurant en leur expliquant l'accompagnement de l'entreprise sur le sujet depuis relativement longtemps.

Cela apportait par ailleurs une explication claire aux différents arrêts de travail qui commençaient à se multiplier. Même si cela était certainement inutile, je leur ai demandé de ne pas changer de comportement à mon égard. Chacun d'entre eux aura en effet un comportement idéal, c'est-à-dire identique à celui qu'était le leur avant de connaître ma maladie.

A compter de cette annonce faite en interne, j'ai rapidement librement évoqué le sujet avec clients et entreprises lorsque des questions m'étaient posées. Les arrêts de travail relativement réguliers que je subissais amenaient souvent à l'annulation ou au report de rendez-vous. Aussi, lorsque les personnes concernées venaient s'enquérir de mon état de santé, et plutôt que d'être évasif, je répondais que je souffrais de la maladie de Parkinson mais que j'avais la chance d'être particulièrement bien suivi ce qui me permettait de vivre relativement bien avec celle-ci depuis un certain temps.

En général, je ne laissais pas le sujet sur la table bien longtemps. L'objectif était en effet clairement d'être honnête avec mes interlocuteurs tout en marquant le fait que cela ne méritait pas d'y accorder une importance particulière.

A tort ou à raison, je n'ai eu cette honnêteté qu'avec une minorité d'interlocuteurs mais ce qui en représente déjà un nombre conséquent au regard des nombreuses relations professionnelles inhérentes à mon métier.

En 2019, je dois faire le constat de ma future incapacité à exercer mon rôle de responsable d'agence. Mon temps de présence à l'agence est en effet, de mon point de vue, insuffisant pour jouer mon rôle de manager de manière efficace.

Entre un temps partiel à 60% et des arrêts de travail relativement réguliers, je n'ai plus la capacité d'échanger suffisamment avec mes collaborateurs. Malgré leur parfaite implication et le relai pris lors de mes absences, j'ai le sentiment que je n'ai plus le temps nécessaire pour anticiper les éventuelles difficultés managériales qui pourraient pointer le bout de leur nez. A posteriori, je crois que cette nécessité de passer la main était également liée au besoin de me recentrer sur moi-même, chose que je considère comme bien délicate lorsque l'on a la responsabilité d'une équipe.

Comme nous en avions convenu lors de l'annonce de ma maladie avec Yves et François, je leur fais donc part du fait que je souhaite passer le relai en tant que responsable d'agence.

Étonnamment, je ne crois pas avoir vécu ceci comme un renoncement.

Indépendamment de la maladie, huit ans en tant que responsable d'agence, ça use. Je n'ai pas fait de moyenne de la durée en poste des responsables d'agence des autres sites de l'entreprise, mais je suis certain de ne pas avoir à rougir de la mienne.

Lorsque j'étais élève ingénieur, le management d'équipes conséquentes était mis en avant comme l'aboutissement d'une carrière réussie. Cette corrélation entre réussite professionnelle et management aura été très présente tout au long de ma carrière. Une inflexion a été donnée à cette vision étriquée des choses dans mon entreprise, il y a quelques années, afin de valoriser l'expertise, la direction de projets, etc.

Aussi, que ce soit en interne à l'entreprise, ou, et c'est bien là le plus important, dans le cadre de ma propre réflexion, passer à autre chose n'était pas synonyme d'échec ni de renoncement prématuré.

J'ai eu la chance d'exercer des responsabilités, certes relatives, mais qui m'ont permis de contribuer au redressement d'une agence. Je pouvais donc passer la main en ayant le sentiment du devoir accompli.

Ce sera Alexandra, une ingénieur en hydraulique que j'avais recrutée deux ans auparavant qui prendra la suite.

L'opération

Bilan pré opératoire

***

Devant les différentes difficultés liées à la maladie de Parkinson qui se multiplient, le professeur Maltête me propose une première fois, en 2018, de recourir à la stimulation cérébrale profonde.

L'objectif principal est de faire cesser les fluctuations des symptômes de la maladie au cours de la journée. Parmi les objectifs secondaires, la suppression des dyskinésies et la réduction substantielle du nombre de médicaments est mise en avant. Cette dernière permet de limiter, de fait, les effets secondaires du traitement médicamenteux, et permet de retrouver des munitions en nombre pour les années à venir.

Dans la mesure où j'ai été diagnostiqué très jeune de la maladie de Parkinson, il est nécessaire d'économiser les médicaments dont la quantité et les dosages ne peuvent pas croître de manière indéfinie.

Un peu comme un pacemaker pour le cœur, un petit neurostimulateur est positionné sur le torse de manière sous cutanée. Celui-ci envoie de légères impulsions électriques aux électrodes placées dans une zone du cerveau qui contrôle les mouvements. Ces impulsions régulent une partie des signaux à l'origine des symptômes moteurs associés à la maladie de Parkinson. C'est le noyau sous thalamique de chaque hémisphère de mon cerveau qui est la cible en l'occurrence.

Le neurostimulateur peut être rechargeable par induction ou autonome. Dans le premier cas, il faut compter environ une heure de charge hebdomadaire et un changement du matériel par intervention chirurgicale au bout de quinze ans environ ; tandis que pour le dispositif ne nécessitant pas de recharge, le remplacement de l'appareil a lieu tous les quatre ans environ.

Ayant d'abord décliné la proposition d'intervention chirurgicale du professeur Maltête, je suis revenu sur ma décision quelques mois après. Si de prime abord, la stimulation cérébrale profonde était trop invasive et risquée à mon goût, un début d'hiver décuplant mes difficultés me faisait revoir ma position. Finalement, j'étais prêt à prendre les risques concernant l'opération dans la mesure où, finalement, je considérais ne plus avoir le choix.

Toute alternative aux symptômes invalidants et douloureux de la maladie était alors la bienvenue.

Un délai d'un an est à prendre en considération entre la décision et l'intervention. Un bilan pré opératoire passant par une hospitalisation d'une semaine est ainsi programmé afin de vérifier la faisabilité et la profitabilité de l'opération.

Durant cette semaine, suite à laquelle je n'aurais que des louanges à faire au personnel hospitalier, il sera réalisé un bilan clinique, un bilan neuropsychologique, un bilan psychiatrique pour tester mon état d'esprit et une I.R.M.

Afin de vérifier l'efficacité potentielle de l'opération et déterminer le pourcentage d'amélioration possible, un sevrage préalable est nécessaire. Ce ne fut pas vraiment une partie de plaisir...

L'effet bénéfique de la stimulation cérébrale profonde est alors déterminé par une estimation de la motricité après sevrage puis après prise de dopamine à effet immédiat. Je fus bluffé par les résultats. D'un corps endolori que j'avais toutes les peines du monde à contrôler après sevrage, j'ai retrouvé pendant quelques trop courts instants celui d'avant la maladie, sans douleurs ni blocages.

Je garderai cette sensation en tête et y aurai recours à de nombreuses reprises jusqu'à l'opération afin de tenir la distance. Cette perspective salvatrice d'amélioration représentera en effet un cap à tenir, promesse de jours meilleurs, notamment lorsque mon moral sera au plus bas.

I.R.M.

***

L'année 2020 restera dans les mémoires comme celle du coronavirus. Ses conséquences ont été désastreuses pour bon nombre de personnes. D'un point de vue médical, de nombreuses opérations ont été considérées comme devant être reportées afin de préserver la capacité des hôpitaux et des personnels hospitaliers à pouvoir accueillir dans les services de réanimation les malades atteints de la covid-19. Ceci a pu avoir pour conséquence l'aggravation de certaines maladies chroniques, pour lesquelles ce décalage a permis à ces dernières de se développer, limitant ensuite les chances de guérison.

Initialement planifiée en avril 2020, je fais partie de ceux dont l'opération a été reportée. Dans mon cas, j'ai la chance que cela n'ait eu aucune conséquence, si ce n'est celle de vivre quelques mois supplémentaires avec des symptômes bien présents de la maladie.

Jusqu'à mon hospitalisation le 4 octobre 2020, j'ai eu la crainte d'un nouveau report, la seconde vague de l'épidémie se développant alors.

Il n'en a heureusement rien été.

En général, lorsque l'on vous demande comment vous vous sentez après une opération, la réponse est assez rapide car il n'y a pas grand chose à raconter si ce n'est de décrire un ressenti, des faits. Dans mon cas, à cette même question qui m'était posée dans les jours suivants la pose des électrodes, il m'était plus que difficile de faire une réponse brève. En voici la raison.

Comme cela m'avait été précisé la veille, j'étais réveillé à 5h00. Après m'être douché, une infirmière me posait un cathéter. Devant le soulagement qu'était le sien de ne pas avoir à me mettre en place de sonde urinaire qui sera installée plus tard sous anesthésie, je me suis dit que j'échappais à une expérience non essentielle.

Afin d'éviter une montée du stress lié à l'opération, et comme cela est habituellement pratiqué, on me descendait au bloc opératoire au dernier moment, juste pour 7h15, heure programmée de mon anesthésie.

Après une courte attente dans le couloir où j'entendais, semble-t-il des étudiants en médecine échanger autour du planning hebdomadaire : "tu fais quoi cette semaine ?" "c'est quoi l'intervention programmée, c'est quoi une C.C.P. ?" Question à laquelle a répondu, je crois, le médecin anesthésiste qui allait longuement me parler par la suite, en leur indiquant qu'il s'agissait d'une Chirurgie Cérébrale Profonde.

Masque oblige, je serais bien incapable de décrire la personne qui se présente alors à moi comme celle en charge de ma future anhestésie. Néanmoins sa corpulence et le ton posé de sa voix m'inspirent bonhomie et bienveillance. C'est donc en totale confiance que je pénètre, allongé sur mon lit, dans la salle d'opération.
Une conversation débute alors. Il me décrit l'environnement de la salle d'opération, qui se veut être la plus moderne de l'hôpital, me pose des questions sur ma profession, ma famille, etc. Relativement stressé par ce qui m'attend dans les prochaines minutes, et d'un naturel pas forcément très bavard, je fais en sorte de faire les réponses les plus courtes possibles aux questions posées.

J'apprends lors de cet échange que d'un point de vue anesthésique, l'opération à venir n'est pas des plus passionnantes pour lui. Le médecin anesthésiste est en effet mobilisé toute la journée pour une anesthésie de 10 heures avec un rôle à jouer relativement mesuré selon ses dires :
- peu de saignements durant l'opération,

- une première phase, le matin plutôt légère, la chirurgie portant sur la mise en place de la pile tandis que l'I.R.M. calcule le trajet des électrodes (3 heures sont nécessaires à cet effet)
- une seconde phase où le dosage anesthésiant est plus important, l'intervention portant alors sur le cerveau.

Cela commence à faire quelques longues minutes que je jette régulièrement un coup d'œil à l'horloge située au-dessus du scanner présent dans la salle d'opération. Elle indique à présent 8h00…

Je me hasarde alors à interroger mon interlocuteur : "ne devais-je pas être anesthésié à 7h15 ?"

A ma grande stupeur, il m'est alors répondu qu'un "léger" problème est actuellement rencontré, à savoir une panne de l'IRM… Un tel cas ne s'est produit qu'une fois jusqu'à présent. La personne concernée par l'opération avait alors vu son intervention reprogrammée plusieurs mois plus tard.

8h30 : c'est l'heure à partir de laquelle il sera considéré que l'opération ne pourra pas avoir lieu. Mon niveau de stress ne cesse alors d'augmenter.

J'entends les membres de l'équipe chirurgicale évoquer alors avec moins de retenue la panne de l'I.R.M. et plaisanter au sujet du neurochirurgien de manière extrêmement respectueuse. Je crois même déceler de l'admiration dans leurs propos : en effet, ils imaginaient le professeur Derrey avec ses tournevis en train de réparer lui-même l'appareil récalcitrant. Si ceci aurait pu être de nature à me rassurer, si besoin était, quant à l'implication du neurochirurgien, je commençais surtout à y voir un signe qui m'était adressé.

Après avoir d'abord refusé la stimulation neuronale profonde en raison de son caractère intrusif, je m'étais finalement résolu à y recourir après de trop longues périodes pendant lesquelles j'étais resté bloqué chez moi, et surtout du fait de symptômes de la maladie qui me devenaient insupportables.

Le coronavirus avait généré un premier report. A présent, une panne d'I.R.M. semblait compromettre l'intervention programmée ce jour. Plus les minutes passaient et plus ma détermination à me faire opérer s'estompait, jusqu'à finalement disparaître peu de temps avant l'heure fatidique.

C'était décidé, avec "toute" la lucidité que peut avoir quelqu'un qui attend depuis plus d'une heure dans une salle d'opération, je ne me ferai pas opérer si l'intervention chirurgicale de ce jour ne pouvait pas avoir lieu.

A présent, je ne jette plus des regards furtifs vers l'horloge mais la regarde fixement, voyant ainsi les minutes défiler.

8h30, ça y est ! L'heure redoutée est atteinte. Je ne me ferai donc pas opérer. Le stress pré opératoire qui était monté à un niveau assez important se stabilise alors, et j'attends maintenant que l'on m'annonce que je vais pouvoir regagner ma chambre et ensuite rentrer chez moi.

Quelques minutes passent encore et à 8h36, j'entends "c'est bon ! c'est réparé ! on y va !"

La confusion est alors totale dans mon esprit : je devrais être soulagé suite à cette annonce mais dans la mesure où j'avais décidé quelques instants auparavant de renoncer à l'opération, je ne sais plus vraiment quoi penser.

Je ne suis pas capable de dire à ce moment-là quel est mon état d'esprit précis. Une chose est sûre cependant, lorsque l'anesthésiste me met le masque sur le nez dans la perspective de m'endormir et m'invite à penser à des choses agréables, je n'ai alors qu'une envie, dire quelque chose du genre "tu te fous de moi ? penser à des choses agréables après avoir attendu plus d'une heure dans la salle d'opération ? j'avais décidé de ne plus me faire opérer !"

Peu importe de toute façon, puisque après quelques courtes secondes pendant lesquelles j'ai le sentiment que l'anesthésie ne fonctionne pas, je m'endors pour 10 heures environ.

Réveil et délire

***

Habituellement, lorsqu'on se réveille d'une anesthésie générale, c'est d'un sommeil sans rêves, décorrélé de toute temporalité que l'on s'extirpe.

Pourtant, dans mon cas, j'ai le souvenir assez clair d'une scène qui s'est déroulée dans mon cerveau alors endormi : je vois des tubes dont les courbes géométriques sont d'un blanc parfait. Ce blanc est d'ailleurs presque lumineux, semblable à des néons au blanc froid que le fonds noir, un noir mat et profond, de mon rêve met en relief. Je réalise rapidement que ces tubes, que je vois de loin durant les premières secondes de ce souvenir, sont en réalité une représentation de mon cerveau. En effet, je me retrouve rapidement projeté à l'intérieur de l'un d'entre eux.

J'entends alors quelqu'un dire "C'est bon les gars, on y va, on perce !" J'ai envie de m'écrier que je suis là et que, du fait de ma pseudo conscience éveillée de l'instant, je risque d'avoir mal… Mon souvenir en restera là.

Réel moment capté au moment de l'intervention de l'anesthésiste avant le début de la neurochirurgie intracrânienne, rêve résultant des propos de l'anesthésiste quant à son rôle durant l'intervention et sans relation immédiate avec une quelconque réalité opératoire, peu importe ! Ce souvenir étrange fait partie de mon histoire.

J'ai un vrai doute sur le fait que les propos que je rapporte comme ceux que j'aurais entendus soient réels : les termes me paraissent en effet médicalement assez inappropriés et par ailleurs un peu trop proches des paroles d'une chanson que j'ai écouté probablement une centaine de fois lorsque j'étais enfant. Un 45 tours de Hugues Aufray intitulé "Debout les gars" et dont les paroles auraient pu inspirer ce rêve dans la mesure où elles racontent l'histoire d'ouvriers creusant la roche….

Toujours est-il qu'au moment où j'entrouvre les yeux, le visage du neurochirurgien est penché au-dessus du mien.

"Tout s'est très bien passé !" me dit-il. "Le professeur Maltête viendra demain mettre en route la pile", phrase qu'il ponctue d'un tapotement sur mon torse. Ce tapotement au son plastique témoigne ainsi de la présence d'un nouveau composant faisant à présent partie intégrante du nouveau Moi.

J'ai le souvenir flou d'un médecin me mettant un téléphone à l'oreille me permettant ainsi d'entendre Abi qui me confirme, comme nous en avions convenu précédemment, qu'elle viendrait me voir dès que possible le lendemain. Dans la mesure où elle a eu confirmation que tout s'est bien déroulé et que j'aurai besoin de dormir durant les prochaines heures, cela n'aurait en effet pas eu de sens de faire un aller-retour entre Caen et Rouen.

L'opération étant loin d'être anodine, j'avais été alerté plusieurs jours auparavant sur le fait que je ne regagnerai ma chambre que le lendemain, après avoir été maintenu sous surveillance aux soins intensifs.

C'est à ce moment que débute une des pires journées de ma vie.

La nuit post opératoire est assez confuse dans mon esprit. J'ai commencé à prendre conscience que quelque chose ne tournait pas rond mais sans parvenir à l'identifier clairement. Je crois me rappeler que deux infirmières étaient en charge de quelques patients durant cette nuit, dont l'un d'entre eux leur donnait a priori pas mal de fil à retordre.

Je ne parviens pas à me souvenir de son nom, malgré le fait de l'avoir entendu à de très nombreuses reprises durant cette nuit. "Monsieur X, il va falloir vous calmer" les entendais-je régulièrement lui dire avant que celui-ci ne crie à leur approche. Je l'entendais se débattre tandis qu'elles le manipulaient, du moins c'est ce dont je crois me souvenir. Mon esprit confus analysait alors (pas sur que ce verbe soit le plus approprié dans ce cas précis) la situation comme celle d'infirmières bourreaux se complaisant à maltraiter leurs patients d'une nuit. Celles-ci m'inspiraient donc une véritable terreur et je craignais qu'elles finissent par s'en prendre à moi.

J'ai donc pris grand soin de ne pas les solliciter. Lorsqu'elles venaient s'enquérir de mon état de santé et prendre mes constantes, je multipliais les remerciements appuyés à leur égard. Je pense d'ailleurs en avoir fait un peu trop, dans la mesure où je décelais une certaine lassitude dans leur voix lorsque, pour la nième fois de la nuit, elles me répondaient que c'était normal et qu'elles ne faisaient que leur métier.

Je n'aurais certainement pas dû regarder la série Mlle Ratched quelques jours auparavant… (série inspirée du personnage de l'infirmière en charge des patients de l'hôpital psychiatrique dans le film "Vol au-dessus d'un nid de coucou")

Au terme de cette nuit terrifiante et guère reposante, Mathieu, un jeune infirmier se présente à moi. Plein d'assurance, il me précise être à mon service pour quelques heures, jusqu'à ce que je puisse rejoindre ma chambre en fin de matinée. J'ai l'impression de ne pas l'avoir vu sans qu'il n'arbore un sourire semblant des plus sincères.

Comme plusieurs fois auparavant, et encore davantage dans les heures et jours qui s'ensuivront il   me sera posé la question du kankonhné et du oukonhné. Un jeu un peu trop facile à mon goût pour lequel, comme par hasard, il n'y avait rien à gagner !

Endolori par l'opération et ne parvenant pas à utiliser aisément mes mains, on me prépare mon petit déjeuner : tartines beurrées et chocolat chaud dans un verre avec bec canard. S'ensuit une toilette rapide réalisée par une infirmière. Je suis surpris que l'on me propose une éponge plantée sur un pic en bois pour me rafraîchir la bouche. Je ne connaissais pas, jusqu'alors, les éponges dentaires permettant les bains de bouche.

Si j'acceptais sans aucune difficulté le premier bain de bouche, j'ai dû mettre un peu plus de temps la seconde fois qu'il m'a été proposé. J'ai le sentiment que l'aide-soignante en charge de ceci a dû insister pour que je daigne obtempérer. J'ai eu l'impression d'être, pendant quelques instants, Emile à qui Odile De Rey demande de prendre un chewing gum dans le film "La cité de la peur", en raison de sa mauvaise haleine.

La matinée passe somme toute assez vite et après un long slalom dans les couloirs encombrés de l'hôpital, je rejoins ma chambre que je partage alors avec Jean-Baptiste. Couvreur depuis une vingtaine d'années, il est tombé depuis son échafaudage d'une hauteur d'environ 3 mètres. Après intervention chirurgicale et pose d'une plaque au niveau des vertèbres, il retournera chez lui quelques jours plus tard pour une convalescence de plusieurs mois avant de pouvoir reprendre son travail dans lequel il redoublera de vigilance quant à la mise en œuvre des dispositifs de sécurité m'a-t-il assuré.

Un sentiment étrange continue à m'envahir : tout ceci n'est qu'un rêve. Il s'agit tout simplement de la projection que je fais de ce que pourrait être l'hospitalisation si je décidais de me faire opérer…

C'est d'ailleurs pourquoi j'apporte des réponses cohérentes avec ce ressenti. Régulièrement, le personnel soignant vient s'enquérir de mon état de santé en me demandant, notamment, si je ressens des douleurs. Répondant par l'affirmative, il m'est ensuite demandé de préciser l'évaluation que j'en fais sur une échelle de 1 à 10.

Ma réponse sera alors pendant les 24 heures qui vont suivre grosso modo la suivante : "Quelle importance ? Tout ceci n'est pas réel, il ne s'agit que d'un rêve. Que je vous réponde 1, 2, 6 ou 10 la conséquence sera la même : vous me donnerez le même médicament."

Je ne me souviens pas clairement de la réaction des personnes à qui j'apportais ces réponses mais davantage de leur action, qui consistait alors à me donner du paracétamol, en me précisant qu'il fallait que je les sollicite si cela ne suffisait pas à calmer les douleurs.

Une certaine forme de détresse commence alors à m'envahir au fur et à mesure des minutes qui s'écoulent et de la prise de conscience qu'est la mienne de quelque chose qui ne va pas.

Suis-je devenu fou ? S'est-il passé quelque chose au bloc opératoire qui a mal tourné ?

Abi doit me rejoindre dans quelques instants. Je me demande alors très sérieusement si je vais la reconnaître. Il n'est pas rare, dans un rêve, en tout cas en ce qui concerne les miens, que le physique des personnes que l'on croit connaître ne corresponde pas nécessairement à l'image que l'on a en tête.

Vais-je reconnaître ma femme ? Le problème des rêves c'est que l'on a pas la capacité de réfléchir, de raisonner. On est sur des rails sans aiguillage possible à l'initiative consciente du rêveur. Si ce principe ne me pose pas de problème habituellement, et même si c'était le cas d'ailleurs, cela ne changerait pas grand-chose me direz-vous, lorsque l'on est conscient de subir les choses sans aucune prise dessus, c'est quelque peu perturbant.

J'entends une voix familière dans le couloir. Cela ne suffit cependant pas à me rassurer. Abi entre alors dans la chambre. C'est bien elle !

Je ne peux cependant cesser de la regarder fixement dès lors qu'elle entre dans la chambre. Je ne dis rien et crois me souvenir avoir tenté une moue en réponse à sa question m'interrogeant sur mon ressenti de l'instant. Elle constate assez rapidement que je ne suis pas dans mon assiette, pour peu qu'on puisse l'être après 10 heures d'intervention dont quelques-unes passées dans mon crâne.

S'approchant de moi, elle me caresse le bras avec tendresse ce qui a pour effet de générer les premières larmes de la journée, signes de mon désarroi.

Mais qu'ai-je donc fait ? Même si je n'étais pas bien vaillant en arrivant le dimanche à l'hôpital, tant physiquement que psychologiquement, je n'étais pas dans cet état de démence que je ressens. J'ai par ailleurs toutes les peines du monde à pouvoir utiliser mes mains alors que l'on m'avait certifié que je me sentirai bien mieux, dès mon réveil de l'opération, du point de vue de la motricité. Je suis perdu, persuadé que l'opération ne s'est pas bien passée et que quelque chose a été raté. J'aurais dû être davantage à l'écoute des signes qui m'avaient été envoyés.

Quelques douleurs au niveau du crâne m'embêtent un peu mais c'est mon appareil digestif qui a bien du mal à se remettre de l'anesthésie et qui me le fait savoir de plus en plus. J'avais lu que l'on pouvait être constipé suite à une longue intervention chirurgicale du fait de la morphine d'une part et de fonctionnalités du corps mises au repos pendant un certain temps. Cette constipation qui était de l'ordre de la gêne au début de la journée commence à devenir de plus en plus douloureuse. C'est tout de même incroyable qu'après une intervention aussi lourde au niveau du cerveau ce soient des douleurs gastriques dont je n'arrive pas à me défaire qui deviennent les plus présentes.

Dieu existe : il a une tablette !

***

Le début d'après-midi est assez confus dans mon esprit.

Je me souviens avoir eu des difficultés pour déjeuner, l'usage de mes mains étant alors plus que délicat. Par ailleurs, si la faim était bien présente, ma constipation et les douleurs liées à celles-ci l'étaient également, et au-delà de ma propre alimentation, je redoutais de les alimenter également.

J'ai dû m'assoupir à quelques reprises. Toujours aussi désorienté, ma perception des évènements alterne entre sensation de rêve et sentiment que l'opération a été un échec.

Je pleure régulièrement, j'ai l'impression d'un grand vide devant moi. Je sais que je ne suis pas seul mais c'est alors très difficile de s'y raccrocher surtout lorsque l'on pense être gagné par la démence.

Interne, infirmière et aide-soignants se succèdent pour s'enquérir de mon état. Les douleurs gastriques deviennent de moins en moins soutenables. On me propose alors le bassin. Autrement dit, un grand pot censé me permettre d'aller à la selle tout en étant allongé puisqu'il ne m'est pas encore possible de me lever. En temps normal, l'idée d'envisager accepter de me retrouver dans cette situation serait balayée d'un revers de main. La douleur étant alors plus importante que ma fierté, je me résous à accepter. Ce sera sans succès malgré les encouragements de mon voisin de chambrée qui semble connaître les mêmes difficultés… Indépendamment de l'anesthésie, je pense que, dans une telle situation et même avec une parfaite maîtrise de mes moyens, je ne parviendrais pas à évacuer quoi que ce soit, si ce n'est un peu d'amour propre.

Quoi qu'il en soit, c'est aussi dans ce type de situation que je peux à nouveau prendre conscience de la bienveillance du personnel hospitalier qui traite cette situation comme un acte médical lambda, sans que je me sente à un quelconque moment jugé.

Peu de temps après le retour d'Abi dans la chambre (nous avons beau partager beaucoup de choses, certaines expériences méritent de rester individuelles), le professeur Maltête fait son entrée.

Je lui fais part de mon état et, comme à chaque fois, il a le comportement parfaitement adapté. Je me sens écouté et une fois mon désarroi exprimé il met en route la pile. Il aura préalablement pris le temps de me féliciter quant à la pertinence des évènements de mon rêve.

Armé d'une tablette numérique, il démarre la pile. Il me présente rapidement l'interface où sont représentées les deux électrodes positionnées au niveau des noyaux subthalamiques dont les impulsions électriques activent les cellules nerveuses. Cette stimulation localisée corrige les effets de l'insuffisance en dopamine et réduit fortement les symptômes moteurs de la maladie, ainsi que les dyskinésies et les fluctuations motrices.

Je le vois tapoter sur sa tablette et je ressens un léger picotement dans la main droite. Tout va bien, c'est la réaction attendue ! Electrode gauche ok !

Lorsque j'étais enfant, j'accompagnais régulièrement mes parents dans l'Orne pour les repas dominicaux et familiaux. Mes grands-parents paternels étaient agriculteurs. C'est donc tout naturellement que certains de leurs enfants ont suivi leurs pas.

Ces déjeuners évoquent le gigot d'agneau cuit à la cheminée (été comme hiver), les batailles dans les bottes de foin et les décharges prises en touchant le fil électrique qui permet de clore les aires de pâturage des vaches. C'est clairement une châtaigne digne des meilleurs fils électriques que m'a envoyée le neurologue dans la main gauche. Ça surprend, ça pique, mais ça confirme que le matériel en place fonctionne. Electrode droite ok !

Le professeur Maltête adresse ensuite un sourire à Abi puis me demande comment je me sens. Il manipule toujours l'interface permettant de gérer les électrodes comme un programmeur de la série Westworld gérant ses humanoïdes. Sur le coup, rien de particulier à signaler, mais très vite je commence à sentir une chaleur m'envahir. C'est comme si on m'avait mis la tête dans un four réglé à 200 °C. Je me sens devenir rouge écarlate.

Les électrodes ont été poussées à une puissance importante et tout d'un coup c'est comme un miracle, une intervention divine : je retrouve une lucidité parfaite, ma motricité ne pose aucune difficulté, les douleurs qui ne me quittent plus depuis trop longtemps ont disparu, mon visage est à nouveau expressif, etc.

Les symptômes de la maladie ont quasi instantanément disparu. La transformation est tellement soudaine et impressionnante, qu'Abi en reste totalement estomaquée.

"Vous êtes Dieu en réalité !" dira-t-elle au neurologue chez qui on peut alors voir un sourire se dessiner malgré le port du masque.

Dans la mesure où le corps ne peut pas supporter une augmentation importante de l'intensité électrique des électrodes, cet intermède de lucidité et plus globalement de bien-être sera très bref.

S'il pourrait être perçu comme une friandise tendue et reprise au dernier moment, ma capacité d'analyse du moment alors proche du néant ne me permet pas d'aborder ce moment autrement que comme un nouvel épisode de mon rêve.

A posteriori, s'il doit être analysé comme le témoin de l'efficacité de l'intervention chirurgicale et de ma réceptivité au dispositif mis en place, ce moment a, sur le coup, essentiellement mis en relief mon piètre état de l'instant.

Le caractère anormal de ma perception des évènements, ma motricité catastrophique me semblent alors encore plus importants.

L'interne qui avait précédemment témoigné de son envie d'assister à la mise en route de la pile par le professeur Maltête arrive peu de temps après le départ de ce dernier.

Ca s'arrange pas

⁂

L'interne procède à mon examen et identifie un souci au niveau de l'œil droit. Je suis alors à peu près certain que ceci n'est pas nouveau. Ce problème est en effet assez récurrent lorsque je suis fatigué, c'est-à-dire bien trop souvent ces derniers mois étant donné le faible nombre d'heures où je parviens à trouver le sommeil.

Afin de vérifier que ceci n'est pas une conséquence de l'opération, elle décide d'anticiper le scanner prévu le lendemain à cet après-midi. Bien que cela fasse, quoiqu'il en soit, partie du processus post-opératoire classique, cela vient bien entendu alimenter mon rêve paranoïaque d'une intervention chirurgicale qui s'est mal passée.

Un brancardier vient donc me chercher pour m'emmener passer l'examen. Après moultes manœuvres afin d'extirper mon lit de la chambre, je me retrouve à nouveau transporté dans les couloirs de l'hôpital.

Les douleurs ventrales sont toujours là, de plus en plus insupportables. Elles en viennent même à supplanter l'inquiétude relative aux conclusions du scanner. J'ai de temps en temps l'impression que le "bouchon" que je ne parviens à expulser peut lâcher d'un moment à l'autre. J'en viendrais presque à le souhaiter tellement les douleurs sont intenses….

Arrivé au scanner, l'examen peut débuter. Les agrafes refermant mes cicatrices rendent impossible le calage de ma tête. Au niveau du ressenti, cela revient à enfoncer, sans anesthésie, des agrafes dans mon crâne. J'ai déjà connu plus agréable sensation ! On oublie donc les cales et je fais en sorte de maintenir ma tête immobile le temps des quelques minutes que dure le processus.

On me ramène ensuite dans un sas, toujours allité, dans l'attente du brancardier pour le retour.

Durant ce laps de temps, j'ai le souvenir d'un ballet de lits où chaque départ est précédé d'une vérification de l'identité de la personne.

Malgré ces demandes, auxquelles une réponse est toujours bien entendu attendue, une peur grandit en moi : je vais être victime d'une erreur d'aiguillage, on va m'enlever ! Je n'ai aucune explication à ce nouveau délire. Toujours est-il que cela, ajouté aux douleurs crâniennes et gastriques, à la motricité qui semble encore davantage se dégrader, l'envie et la peur entremêlées de me vider, à la sensation d'un irréel cauchemardesque, n'arrange pas les choses.

Au bout d'une dizaine de minutes d'attente, me semble-t-il, le brancardier vient me chercher pour me ramener dans ma chambre. Ouf !

Après une nouvelle manœuvre pour remettre le lit à sa place dans la chambre, côté fenêtre, le brancardier me laisse. L'interne ne me laissera pas attendre longtemps et vient rapidement me faire part du fait qu'aucun saignement ou autre anomalie n'est identifiée.

Dans la mesure où on est rarement soulagé dans un rêve, en tout cas dans les miens, je n'ai pas le sentiment que cela modifie mon ressenti du moment. Cela aura au moins empêché que mon moral ne dégringole encore davantage au cours de l'attente d'un diagnostic que j'aurais nécessairement appréhendé de plus en plus négativement.

C'est déjà pas mal en soi finalement.

Tension et température sont prises par les infirmières. Elles me donnent également quelques médicaments contre la douleur.

J'ai vraiment trop mal au ventre ! L'infirmier dit qu'il me comprend et qu'il imagine qu'à ma place, lui non plus n'arriverait pas non plus à aller à la selle mais que dès que je serai en mesure de me lever, tout devrait rentrer dans l'ordre.

Le dîner est apporté par une aide soignante qui m'interroge sur ma capacité à pouvoir manger de manière autonome voyant les difficultés que je rencontre à me redresser. Sur le coup, je lui réponds que je vais réussir à gérer mais je dois très rapidement me résoudre à admettre que je ne suis pas capable de me débrouiller seul. Je ne parviens pas à saisir mes couverts.

Nous sommes à présent 24 heures après l'opération et mon état est moins bon qu'à mon arrivée malgré les prédictions du neurochirurgien.

Ce constat n'arrange rien à mon état psychologique que je croyais au plus bas quelques heures auparavant. Comme quoi, bien outillé, on arrive toujours à creuser !

Un aide-soignant et une élève infirmière se relaient pour m'aider à dîner. Si cela continue de remplir un appareil digestif qui n'en peut plus, ce moment me permet malgré tout de retrouver une certaine lucidité. Me sustenter tout en discutant avec eux me fait le plus grand bien. Je réalise que Léa, élève infirmière qui effectue son stage dans le service de neurochirurgie, a peu ou prou l'âge de mes filles. Le fait qu'elle ait de nombreuses amies portant le même prénom que ces dernières témoigne d'ailleurs de leur appartenance à une même génération.

Peu de temps après avoir terminé mon repas, le neurochirurgien qui m'a opéré la veille vient me voir. Il constate mon piètre état et demande alors à l'infirmière qui l'accompagne de retirer la sonde urinaire et le cathéter. Le fait de retrouver ma liberté de déplacement, d'être débranché, va me permettre d'aller mieux très rapidement me garantit-il.

L'infirmière s'exécute alors et retire le cathéter qui commençait à rendre douloureux mon bras droit. Cette douleur naissante n'arrive cependant pas à la cheville des douleurs gastriques devenues absolument insupportables.

Alors que mon attention est portée sur mon bras, je crie à la fois de douleur et de surprise. On vient de m'arracher, il n'y a pas d'autre mot, la sonde urinaire.

Je prends des médicaments permettant de réduire la douleur au niveau du crâne, rien ne semblant pouvoir réduire les douleurs au niveau de mon ventre. Je m'endors aussi tôt que rapidement.

Quelques heures après m'être assoupi, je suis réveillé par des douleurs gastriques absolument insupportables. J'appelle alors les infirmières pour leur demander le bassin afin d'essayer une nouvelle fois à la selle. L'une d'entre elles arrive assez rapidement dans la chambre et me précise qu'elle a l'autorisation de m'aider à me lever si je le souhaite.

Alleluia !

Je saisis l'occasion et lui fais part, bien évidemment, que j'en suis plus que demandeur. Je m'allonge donc sur le côté pour passer ensuite en position assise. Ça tourne un peu, mais cela passe rapidement.

Elle m'aide ensuite à me mettre debout en me tenant les mains et, petit à petit, m'aide à me rapprocher des toilettes. Je suis alors convaincu que chaque pas que je fais me rapproche du Nirvana.

Jean-Baptiste me voyant passer devant son lit à la vitesse de l'escargot me demande comment je me sens. Je lui réponds alors avec une grande finesse que ça va aller de mieux en mieux et que ça va être les chutes du Niagara dans les toilettes !

Ce fut le cas… et surtout, ceci est allé de pair avec la disparition quasi immédiate des douleurs. Si on m'avait dit que l'épisode le plus douloureux de l'opération du cerveau concernerait des douleurs gastriques, j'aurais eu du mal à y croire. Et pourtant…

L'infirmière, après que je l'ai rappelée, me ramène à mon lit. Je lui explique cette sensation qui ne me quitte pas de vivre un rêve, que tout ceci n'est que le fruit de mon imagination. Pleine de bienveillance, elle se veut rassurante et me certifie que ça ira beaucoup mieux le lendemain.

Je me recouche et me rendors.

Je suis à nouveau réveillé quelques instants plus tard. J'ai faim !

Je ne peux pas sortir seul de mon lit. Les barres qui se dressent de chaque côté m'en empêchent. J'ai l'impression que celles-ci sont de dimensions vertigineuses. Ne parvenant pas à les escalader, j'appelle à nouveau les infirmières. Une collègue de celle qui m'a précédemment aidé vient voir l'origine de la demande émanant de la chambre.

Constatant que Jean-Baptiste n'en est pas l'auteur, elle vient jusqu'à moi. Lui expliquant que je voudrais sortir du lit, elle m'en demande alors la raison.

Je voudrais aller à la boulangerie !

Ceci est somme toute assez logique quand on a faim, et dans les rêves on peut s'accommoder de quelques détails, comme celui de l'absence d'un tel commerce dans un hôpital. L'infirmière me rappelle cependant l'incompatibilité de ma demande avec le lieu où je séjourne et repart.

J'ai le sentiment d'aller de mieux en mieux. Je n'ai plus du tout mal. Je prends conscience d'une mobilité et d'une motricité retrouvées. Par contre, je ne parviens pas à retrouver le sommeil, l'excitation liée à ce renouveau étant alors colossale. Je suis toujours dans une sorte de rêve mais qui commence à se transformer en ce que l'on pourrait identifier comme une réalité brouillardeuse.

J'éprouve alors le besoin d'enlever les bas de contention que l'on m'avait aidés à mettre quelques instants plus tôt, de même que la chemise d'hôpital. J'envoie dans la foulée un SMS à Abi pour la rassurer sur mon état et sur ma renaissance, telle une éclosion.

Mais bien sûr…

C'est d'ailleurs ce qu'ont dû se dire les infirmières lorsqu'elles m'ont vu. Elles me demandent d'ailleurs pourquoi je me suis dévêtu. Commençant à retrouver mes esprits, je n'évoque pas mon éclosion. Le personnel hospitalier est très clairement formidable mais je n'envisage pas de prolonger mon séjour par un tour en psychiatrie. C'est pourquoi ma réponse se limite à un "je ne sais pas" guère convaincant.

La nuit se poursuivra sans que je parvienne à retrouver le sommeil. Au fur et à mesure que je retrouve de la lucidité, je fais le constat que l'opération est finalement un succès fabuleux et je n'ai qu'une envie, le partager avec la terre entière.

Ca va mieux (pour moi)

***

Le professeur Derrey passe me voir en fin d'après-midi, quelques jours après l'opération. Il m'invite à faire quelques pas avec lui dans les couloirs de l'hôpital afin de mesurer les améliorations au niveau de la marche.

Le test est plutôt concluant. Je n'ai plus cette jambe gauche que je traîne comme si un boulet y était attaché et je retrouve également un mouvement de balancier avec le bras gauche. Avant l'opération, ce mouvement du bras gauche avait complètement disparu. Ce dernier avait tendance à se retrouver dans mon dos, lors de la marche, mais également dès que j'avais une activité quelconque n'en nécessitant pas l'usage.

En regagnant ma chambre, je croise le regard de mon nouveau camarade de chambre, Hervé, remplaçant Jean-Baptiste, rentré chez lui en convalescence. Il s'agit d'un grand gaillard de 1,95 m, tout en muscle, et d'une gentillesse absolue. Les infirmières ont d'ailleurs dû démonter l'extrémité de son lit afin de lui permettre de s'y allonger sans être recroquevillé en permanence.

Alors que je rentre dans la chambre, il me demande, avec un grand sourire, si moi aussi je suis venu pour une biopsie. Je lui explique donc que ce n'est pas le cas et que mon mal est bien identifié. Il s'appelle Parkinson, et grâce à l'opération subie quelques jours plus tôt, j'ai réussi à le repousser à la frontière, même si je sais qu'il reviendra un jour.

Au regard de sa question je suppose que c'est pour une biopsie qu'il est présent, ce qu'il me confirme. Sportif de haut niveau en pleine ascension, il avait récemment atteint le quinzième rang mondial de la catégorie des lourds-légers en boxe.

Ayant brutalement perdu une très grande partie de sa motricité, côté droit, il a fait différents examens médicaux concluant à la présence d'une tumeur cancéreuse au niveau de l'hémisphère gauche de son cerveau. Dans la mesure où la position de cette tumeur rend l'opération impossible, il séjourne à l'hôpital Charles Nicolle pour permettre aux médecins d'identifier un traitement par chimiothérapie le plus adapté possible. Si sa carrière est brisée, j'ai l'impression que lui ne l'est pas.

Il me dit avoir atteint ce niveau de boxe notamment grâce à son mental et qu'il a bon espoir que celui-ci lui permette de combattre et vaincre ce nouvel adversaire qu'est ce cancer.

Nous échangerons à plusieurs reprises sur la gestion de la maladie, la famille et la nécessité d'être fort, autant que faire se peut, pour nos proches.

Je me revois au début de ma maladie, dans cette capacité à encaisser le choc tout en essayant d'aller de l'avant.

"Le bonheur n'est pas le droit de chacun, c'est un combat de tous les jours" disait Orson Welles. Je suis assez persuadé qu'en faisant sien ce paradigme, ce qui n'est pas aisé en toutes circonstances, j'en conviens, on ne subit pas les événements qui ponctuent la vie. Je pense que d'une certaine manière, Hervé et moi avons cette même approche, notamment face à la maladie.

En revanche, le contraste était assez saisissant dans le message envoyé à nos familles et amis. De son côté, il passait de nombreux coups de fils afin d'annoncer à des proches du monde de la boxe la fin prématurée de sa carrière tandis que je disais à qui voulait l'entendre le bonheur que je vivais au travers de ma renaissance.

Je suis convaincu qu'il n'y a pas eu une once de jalousie de sa part et une véritable sincérité lorsqu'il me disait se réjouir pour moi. Il n'empêche que j'avais parfois quelques scrupules à étaler mon bonheur au téléphone, tandis que de son côté, l'horizon était relativement obscur.

Et c'est là encore que le personnel de l'hôpital joue un rôle capital. Leur comportement durant mon séjour a juste été absolument parfait, chacun s'adaptant à ses patients. Accompagner chacun sans être dans l'assistanat. Cela suppose de pouvoir jauger assez rapidement les difficultés et capacités de chacun, tant physiques que psychologiques pour avoir l'attitude adaptée. Nous avons tous parfois besoin du coup de pied aux fesses, de la petite pique pour nous faire avancer.

Une des infirmières, pleine de répartie, m'aura très positivement marqué. Je garde notamment en mémoire ce moment où elle aide Hervé en l'invitant à faire certaines choses par lui-même. Dans la mesure où certains gestes lui étaient compliqués et douloureux, je l'entends dire : "Vous allez me tuer !". L'infirmière lui répond alors qu'il n'y a aucun risque car elle déteste faire les toilettes mortuaires.

Abi est la seule à venir dans un premier temps car je fatigue relativement vite. Les premières autres visites furent celles de mes filles. Je leur avais bien dit que cela me ferait plaisir qu'elles viennent me voir mais à la seule condition qu'elles en aient réellement envie.

Ma propre expérience face à la maladie de mon père que j'avais fuie m'amenait nécessairement à être précautionneux sur le sujet. Je tenais vraiment à ce que mes filles se sentent libres d'agir comme bon leur semble et surtout qu'elles aient la conviction que je ne porterai aucun jugement sur leur éventuelle décision d'attendre mon retour plutôt que de me voir hospitalisé.

Je n'ai pas réussi à contenir mon émotion lorsque je les ai vu. J'ai pleuré à plusieurs reprises, de joie bien évidemment. La joie d'aller mieux mais surtout celle de voir un regard différent de leur part. J'ai eu l'impression que le regard qu'elles me renvoyaient, aussi imperceptible que cela puisse paraître, n'étaient plus celui d'enfants vers leur père malade, mais celui de mes filles qui retrouvaient leur père tout simplement.

C'est à ce moment précis que j'ai réalisé que l'opération avait été absolument nécessaire, non seulement pour moi, mais aussi et surtout pour ma famille.

Dans un premier temps, Abi avait tenu au courant notre entourage du bon déroulement de l'opération ainsi que de ses résultats plus que positifs. Ceci m'évitait ainsi de crouler sous les appels téléphoniques et surtout de me reposer pour reprendre contact avec le monde extérieur à mon rythme.

D'abord par mails et SMS, les échanges se poursuivront ensuite par des coups de fil et quelques visites que je ne souhaitais pas trop nombreuses car très fatiguantes. La distance entre Rouen et Caen les limitera assez naturellement.

J'ai la chance d'avoir une très grande famille et de très nombreux amis. Je n'ai donc pas pu échanger avec chacun d'entre eux, mais même indirectement les nouvelles circulent rapidement et j'espère n'avoir lésé personne.

Et après ?

***

Une fois rentré à la maison, et comme m'avait prévenu le professeur Maltête, la fatigue est bien présente. Les premiers jours, je suis couché vers 21h00 pour me lever en général 12 heures plus tard.

J'avais oublié le bien-être qu'apportent des nuits passées à dormir, sans difficultés pour se tourner dans le lit, sans douleurs, sans syndrome des jambes sans repos, etc.

En revanche, je crie régulièrement la nuit depuis mon retour. Je ne m'en rends absolument pas compte mais la multiplication des témoignages familiaux sur le sujet corroborent ceci.

Les quinze premiers jours, j'ai beaucoup de mal à suivre et à participer à des conversations au-delà de 30 minutes. Le bruit m'est également insupportable.

La motricité reste bonne même si je me sens engourdi au niveau des articulations. Ceci sera réglé assez rapidement par deux augmentations successives du voltage des électrodes.

L'élocution est meilleure qu'avant l'opération. Elle est loin d'être parfaite mais dès lors que je suis reposé et que je suis vigilant quant à mon débit de parole, on me comprend nettement mieux qu'auparavant.

A présent, je pense que c'est le meilleur reflet de mon état global.

J'oublie de plus en plus l'équipement qui m'a été implanté. C'est surtout une fois allongé que la présence de la batterie occasionne une certaine gêne. Deux mois après l'opération, cette dernière a presque disparu.

Il ne reste plus que le câble reliant la batterie aux électrodes que je sens toujours au niveau du cou. Je n'ai pas encore réussi à ne plus y prêter attention dans la mesure où il génère une tension quasi permanente. Ceci dit, si c'est le seul désagrément qui reste in fine, ça me va parfaitement !

Après trois aller-retours post opératoires au CHU de Rouen et deux augmentations de l'intensité de la pile, je me sens très bien. Je n'ai quasiment plus aucun symptôme de la maladie.

Je parvenais assez facilement, je crois, à prendre mon mal en patience avant l'intervention chirurgicale, même si cela était contraint et forcé. En revanche, dans la mesure où tous les voyants sont au vert, j'aspire à présent à retourner rapidement au travail. Nous sommes en novembre 2020, en pleine seconde vague de la covid-19, et par conséquent à nouveau en confinement. Je pense que cela n'est pas neutre dans mon envie de retrouver une activité et surtout du lien social. Cela sous-entend évidemment du travail en présentiel.

Il était question d'une convalescence d'une durée se situant entre trois et six mois à l'origine, le temps de trouver les bons réglages avec le neurologue entre voltage des électrodes et traitement médicamenteux. Le professeur Maltête ne s'était pas caché de communiquer un délai important afin que le patient soit patient.

Lorsque j'ai manifesté auprès de mon employeur mon désir de revenir travailler quatre semaines après ma sortie d'hôpital, il a été agréablement surpris.

J'avais évoqué avec Alexandra, la responsable d'agence, les conditions de mon retour rapide. Cela passait par la mise en place d'un temps partiel à 50% et la prise de congés me permettant de travailler trois demi-journées par semaine jusqu'à la fin de l'année civile. Je ne voulais pas brûler les étapes afin de me donner toutes les chances d'une reprise réussie. Tout comme lors du retour à la maison, la reprise du travail peut aller de paire avec une fatigue importante et, pour une courte période, une légère perte des bénéfices de la chirurgie.

Après une bonne nuit de sommeil, c'est donc plein d'enthousiasme que je reprends le chemin de l'agence SCE de Caen pour une première matinée de travail. Les bureaux sont bien vides dans la mesure où le télétravail est la règle. Néanmoins, je suis très heureux de pouvoir retrouver une partie de mes collègues normands que je n'avais pas revus depuis près de dix mois.

Beaucoup de choses ont changé depuis ma dernière période travaillée : de nouveaux bureaux, des départs, des arrivées, une agence à dominante infrastructures urbaines qui s'oriente à présent davantage vers l'hydraulique, etc.

Néanmoins, je me sens très à l'aise et prends rendez-vous avec quelques clients avec lesquels des dossiers sont en cours.

Lors de cette matinée de reprise, François, Directeur Général Délégué, m'appelle afin de prendre de mes nouvelles. Avec toute la bienveillance qui le caractérise, il m'interroge sur mon ressenti. Il est en télétravail lors de cet échange, ce qui permet également à son épouse de participer à la conversation. Elle est très intéressée par mon retour d'expérience dans la mesure où elle travaille en neurochirurgie. Je leur fais part de ce sentiment de renaissance qu'est le mien et du fait que cela fait des années que je ne me suis pas senti aussi bien.

La matinée passe très vite puis je rentre chez moi où je partage avec Abi et mes filles ma joie de retrouver une activité. Je jette quelques coups d'œil à mon téléphone pour suivre mes mails durant l'après-midi et poursuis le rangement du garage démarré il y a quelques jours.

Le soir arrivé, je me couche vers 22h00, plein d'envie quant au fait de retourner le lendemain. Je n'ai pas réussi à fermer l'œil de la nuit…

Cette deuxième demi-journée de travail se déroule l'après-midi puisque l'entretien de reprise avec le médecin du travail est planifié à 14h30. Je passe la matinée à faire des aller-retours entre le canapé et la cuisine où est posé mon ordinateur portable. A 12h30, je suis au bureau pour préparer les rendez-vous pris la veille. Je croise rapidement Alexandra qui me sermonne gentiment dans la mesure où elle me rappelle que l'après-midi de travail débute normalement au moins une heure plus tard.

En début d'après-midi, je me rends à la médecine du travail. L'échange est très rapide puisque je mets en avant mon envie de reprendre le travail et des conditions que je considère comme idéales pour assurer la réussite de cette reprise. J'évoque la nuit passée au cours de laquelle je n'ai pas réussi à trouver le sommeil et ma crainte que l'opération n'ait pas résolu l'absence de filtre émotionnel dont j'ai souffert durant les mois qui ont précédé l'opération. Lorsque le médecin qui me reçoit évoque la sophrologie comme un recours possible, je mesure la difficulté pour un médecin généraliste d'appréhender la spécificité d'une maladie à laquelle il n'est pas régulièrement confronté. Je mets donc le sujet de côté et retourne à mon bureau avec l'attestation du médecin me déclarant apte à une reprise du travail à petit rythme.

Le reste de la journée passe très vite. Après une réunion avec un client et une première tentative de gestion des 124857 mails non lus, je ferme les bureaux et rentre chez moi. Je suis fatigué voire même épuisé mais je me dis que cela me permettra de passer une vraie bonne nuit. Ce ne fut pas le cas…

Seconde nuit pendant laquelle je ne trouve pas le sommeil. L'enfer vécu il y a peu réapparaît. Les douleurs articulaires que j'avais presque oubliées sont de retour, je suis épuisé et pourtant je ne parviens pas à trouver le sommeil.

Je n'ai pas comptabilisé le nombre de fois où je me suis levé durant cette longue nuit mais je sens la marche à nouveau très difficile. La jambe gauche ne répond pas comme je voudrais et a tendance à traîner au sol.

Je suis bien entendu incapable d'aller travailler le lendemain. J'en alerte Alexandra via un mail dans lequel j'essaie d'expliquer la situation.

Après un second échange par SMS, nous convenons du fait que je ne reviendrai qu'une fois passé le rendez-vous avec mon neurologue. Je parviens à joindre Madame Vernon, l'infirmière coordinatrice, à qui j'expose mes difficultés et qui avance mon rendez-vous initialement programmé un peu plus tardivement.

Entre-temps, je reçois quelques coups de téléphone de collègues ayant eu vent de mon retour et venant prendre de mes nouvelles. Yves, le président de SCE, m'appelle également. Nous échangeons assez longuement et il est désolé d'apprendre que ce premier retour relève plutôt du faux départ pour l'instant.

Il comprend les difficultés que je rencontre et évoque une piste afin d'assurer un retour progressif mais gagnant : faire des sessions de quelques heures à chaque fois de manière à réapprendre à évoluer dans un environnement nettement plus stressant que le cocon familial. Encore une nouvelle illustration de l'attention qu'il porte à ses collaborateurs, me dis-je en raccrochant.

Dans les jours qui suivent, et dans l'attente du rendez-vous avec le professeur Maltête, je réfléchis aux différents scenarii possibles.

Quelque soit l'issue de ma réflexion, j'ai la chance, si on peut le dire ainsi, que l'aspect financier ne soit pas vraiment un sujet de préoccupation. La rente de prévoyance de mon entreprise cumulée à celle de la Caisse Primaire d'Assurance Maladie me permet effectivement d'assurer des revenus correspondant à peu de choses près à mon salaire avant le premier arrêt de travail pour cause de maladie de Parkinson.

Autrement dit, si je parviens à restaurer mon "filtre à stimuli extérieurs", je pourrai retrouver mon emploi dans la perspective d'avoir une activité stimulante qui me plait et qui ne sera pas plus rémunératrice que de rester chez moi. Je ne l'exclue cependant pas a priori.

Une de mes premières réflexions, au sortir de l'opération, une fois les bénéfices de l'opération considérés comme acquis a été de me poser la question du sens donné à cette seconde vie.

J'imagine que cela est assez commun dans des cas comme le mien de se sentir un devoir, une obligation d'avoir une certaine réciprocité envers la vie, et surtout au sens psychologie sociale du terme (norme sociale consistant à répondre à une action positive par une autre action positive, récompensant des actions bienveillantes), ce que me confirmera le professeur Maltête. Dans la plupart des cas, ces bons sentiments doivent s'estomper avec le temps. Je me complais à croire que ce ne sera pas le cas pour moi.

Si je veux faire mienne cette réciprocité sociale, poursuivre mon activité en tant que Directeur de projets peut avoir du sens.

Depuis la fenêtre de ma chambre d'hôpital, je me faisais la réflexion que permettre le fonctionnement d'un CHU nécessite des études de circulation, des infrastructures pour s'y rendre, des réseaux pour les flux hydrauliques, numériques, etc. Dans cette perspective, je mets ma pierre à l'édifice. Ceci est d'autant plus vrai lorsque ceci s'inscrit dans une démarche de développement durable avérée.

Cependant, je devrai me résoudre à ne pas pouvoir faire de choix, le retour au travail et la gestion du stress m'étant en effet impossibles à assumer. Aussi, j'adressais un mail à ma direction afin de lui faire part de la situation dont voici un extrait :

"(...) Comme vous le savez, ma reprise du 16/11 relève du faux départ étant données les difficultés physiques rencontrées suite à celle-ci.

Je vous envoie donc ce mail pour faire le point suite au RDV avec mon neurologue mais également suite à une réflexion amorcée lors ma "renaissance" post opératoire. Vous envoyer ce mail m'est plus aisé dans un premier temps afin d'essayer d'exprimer de manière synthétique l'état des lieux sans me laisser submerger par les émotions. Je vais essayer de faire court. La version longue sera peut-être disponible l'année prochaine si je trouve un éditeur intéressé par les mémoires d'un jeune parkinsonien dont je suis en train de parachever l'écriture.

Toujours est-il que je suis passé en quelques heures d'un enfer constitué de mon corps douloureux en permanence et dont je n'étais plus maître à une absence quasi totale de symptômes dans les 24 heures suivant l'opération.

Une de mes premières pensées a été de m'interroger sur le sens que je voulais donner à cette seconde chance qui m'était offerte. Mon neurologue m'a dit que c'était une réaction relativement courante dans pareil cas. (...)

J'ai donc repris le travail mardi 16, plein d'enthousiasme et dans des conditions qui me semblaient assez idéales. Aucune difficulté identifiée que ce soit mardi ou mercredi, mais je n'ai cependant pas fermé l'œil de la nuit entre mardi et jeudi. Comme j'avais pu l'évoquer dans un mail adressé à Alexandra après ma reprise ratée, l'analyse que j'en faisais alors était une résistance nulle au stress et plus généralement aux stimuli extérieurs. C'est un des symptômes de la maladie de Parkinson : une absence de filtre aux stimuli extérieurs générant des réactions du corps que l'on pourrait qualifier d'incohérentes, exagérées, mais pourtant bien réelles...

J'ai eu l'impression de me faire percuter par un camion et me retrouver avec des symptômes que je croyais très loin à présent mais qui peuvent revenir me disait le neurologue dans le cas où les insomnies peuvent faire perdre le bénéfice de l'opération...

Je prends ce court épisode comme une alerte qui me fait me poser de très nombreuses questions qui s'entremêlent et auxquelles je dois apporter des réponses. Peut-être est-ce un manque de courage ou de pugnacité de ma part, mais je ne peux pas revenir, malgré toute l'attention que vous me portez et le fait que je sais que la reprise se ferait au rythme que je "souhaite". Je reviens de l'enfer (je vous assure que ce n'est pas exagéré) et je n'ai aucune envie d'y retourner, sachant que je n'aurai aucune certitude sur le fait que je réussisse à exercer normalement un travail malgré mes efforts.

Je suis très fier d'avoir participé pendant presque 10 ans à l'aventure SCE et pour toutes les raisons évoquées précédemment, je ne me sens pas capable d'aller plus loin. Je ne suis même pas sûr de pouvoir limiter mon travail à une production située dans une bulle sans échanges avec ceux qui font et/ou vivront le projet...

Je vous remercie très sincèrement de toute la bienveillance dont vous aurez fait preuve à mon égard et je peux vous assurer que vous n'êtes pas étrangers au fait que j'ai pu tenir si longtemps jusqu'à l'opération. (...)"

La réaction de chacun d'entre eux a été encore une fois parfaite et je peux passer à ma seconde vie de manière sereine.

Le terme "seconde vie" est d'ailleurs sans doute inapproprié car pour rien au monde je ne changerai les gens qui m'entourent. Il s'agit simplement d'essayer d'orienter mon quotidien un peu plus vers les autres dans une forme à identifier tout en profitant de mes capacités physiques retrouvées.

Par ailleurs, j'avais sous-estimé les bouleversements induits par l'opération dans l'équilibre familial. On peut considérer que durant un peu plus d'un an avant l'intervention, mon état de santé, à la fois physique et psychologique, m'avait rendu de plus en plus transparent au fil du temps. Ce dernier terme est certainement excessif.

Toujours est-il qu'à présent, retrouvant la plupart de mes facultés et un moral bien meilleur qu'il y a quelques mois, le "vrai" Moi est réapparu de manière soudaine. Autrement dit, je reprends ma place dans la vie de famille. Dans la mesure où la nature a horreur du vide, je dois, dans une certaine mesure, jouer des coudes afin d'y parvenir.

Bref, j'ai de la chance

***

A l'exception de ce couac qu'est la maladie de Parkinson dans mon parcours de vie, je me considère comme quelqu'un d'extrêmement chanceux.

Aussi, j'envisageais initialement de conclure ce témoignage de mon vécu de la maladie par une énumération des nombreux éléments justifiant cette chance que je revendique. Je voulais le faire un peu à la façon de la série "Bref" de Kyan Khojandi.

Cependant, après réflexion, et au-delà du caractère prétentieux, voire arrogant, que cela pourrait avoir, ce serait certainement idéaliser la situation actuelle que de limiter mon dernier propos à une liste de choses qui vont bien.

S'il y a énormément de positif à attendre des années à venir, grâce à la stimulation cérébrale profonde, ce sont surtout ceux qui m'accompagnent aujourd'hui, famille, amis et médecins qui pourront me permettre de poursuivre mon parcours de vie que je souhaite plein de moments de partage, de joies, de fêtes, etc.

Je sais que les bénéfices de l'opération ne seront pas éternels, que je peux et dois profiter de l'usage de mon corps qui m'est rendu pour une durée déterminée.

Et c'est peut-être là encore une chance que de pouvoir en être conscient afin de faire maintenant ce que je ne pourrai pas faire plus tard.

Nous sommes finalement tous dans cette situation que décrivent d'ailleurs assez bien les cowboys fringants dans l'une de leurs chansons intitulée "droit devant" :

Prépare toi petit garçon
Elle s'ra longue l'expédition
Et même si on n'en revient jamais vivant
Il faut marcher droit devant

Nous avons un ticket pour la vie comportant un aller simple. Les moyens d'en profiter au mieux sont inégaux en fonction de l'endroit où l'on naît, de l'époque, de notre famille, mais il nous faut faire avec.

Profiter de la vie en évitant de procrastiner, c'est finalement ce que je vais essayer de retenir de cette expérience. J'ai parfaitement conscience que le quotidien et le manque d'envie, motivé par autant de mauvaises raisons que l'on peut en trouver, devront être combattus.

Ce récit en constitue le premier pas.